Palacios plebeyos

Fotografías: Archivo personal del autor

Palacios plebeyos

Cines

Edgardo Cozarinsky

IN·SITU

Editorial Sudamericana

Cozarinsky, Edgardo
Palacios plebeyos - 1ª ed. - Buenos Aires : Sudamericana, 2006.
128 p. : il. ; 20x13 cm. (In situ)

ISBN 950-07-2753-6

1. Cines Famosos. I. Título
CDD 791.43

IMPRESO EN LA ARGENTINA

Queda hecho el depósito
que previene la ley 11.723.

Humberto I 531, Buenos Aires.

www.edsudamericana.com.ar

ISBN 10: 950-07-2753-6
ISBN 13: 978-950-07-2753-2

Para Raúl Núñez,
que vio *La Fontaine d'Aréthuse*
en el Florida de la Galería Güemes

Templos profanos

"Las únicas salas de cine que cumplían una función (...) eran las viejas, ¿las recuerdas?, esos teatros enormes que cuando se apagaban las luces a uno se le encogía el corazón. Esas salas estaban bien, eran los verdaderos cines, lo más parecido a una iglesia, techos altísimos, grandes cortinas rojo granate, columnas, pasillos con viejas alfombras desgastadas, palcos, localidades de platea o galería o gallinero..."

Roberto Bolaño: "La parte de Fate", *2666*, 2004

"*Divertissement d'îlotes*" (diversión de ilotas) llamó al cinematógrafo el escritor francés Georges Duhamel (1884-1966). El diccionario precisa que la palabra "ilota" definía en la antigua Grecia al siervo espartano adscrito a la gleba, privado del derecho de ciudadanía pero apto para servir en el ejército.

Hacia 1900 ese ilota era el proletario europeo, el inmigrante en los Estados Unidos cuya única riqueza era la posibilidad, desconocida en la época clásica, de evadirse de su condición gracias a la movilidad social que aún permitían el capitalismo y la educación pública: la ilusión democrática.

En uno de sus característicos arrebatos retóricos, Henri Langlois sostenía que la vocación "democrática" del cinematógrafo se había manifestado muy temprano, durante la Exposition Universelle de mayo de 1897 en París, ocasión del célebre incendio del Bazar de la Charité, lamentado por Proust. Una demostración del nuevo entretenimiento culminó cuando el salto de una chispa prendió fuego a la carpa y terminó con la vida de dieciocho duquesas, algunas de ellas ultimadas a bastonazos por los señores que procuraban abrirse paso en medio de las llamas.

"Vendemos entradas a cines, no películas."

Marcus Loew (1870-1927), propietario de cadenas de cines en EE. UU. Folclore oral.

Empecemos por los Estados Unidos, ya que de allí arrancó el movimiento que iba a expandirse por todo el mundo. Al principio fueron las hileras de kinetoscopios. En ferias y parques de diversiones, en salas de reducidas dimensiones, el espectador, inclinado sobre la máquina, espiaba el film primitivo en perfecto aislamiento. Cuando el progreso técnico permitió la proyección para grupos, el espectáculo tuvo por escenario *nickelodeons*, pequeños teatros ajenos al prestigio de la escena dramática. Era la ilusión óptica, la novedad tecnológica lo que congregaba al público, todavía no la ficción y su relato. La palabra "níquel" recuerda que estas salas fueron la primera forma de entretenimiento accesible para las masas.

Algunos de los primeros cinematógrafos eran comercios minoristas reconvertidos: una cortina separaba la sala del hall de entrada, una sábana blanca oficiaba de pantalla y el público se codeaba sentado en bancos de madera. En 1904, un comerciante de Pittsburgh, Pennsylvania, no sólo renovó su negocio sino que tuvo la idea de instalar un piano, cuya música acompañaba la proyección. Cuatro años más tarde, se calcula que entre ocho y diez mil establecimientos similares operaban a todo lo ancho de los Estados Unidos.

Como en los parques de diversiones, en la vereda de estos *nickelodeons* un anunciador de atuendo colorido y voz estentórea procuraba atraer a los transeúntes con la promesa de maravillas visibles en la sala: en general, un programa de no más de media hora que podía incluir una versión estrujada de Shakespeare o de episodios de la Biblia, la representación por actores anónimos de noticias policiales del momento, y también visiones de paisajes lejanos y costumbres exóticas.

En algún momento quedó claro que las películas no eran una moda pasajera, que habían llegado para quedarse y merecían verdaderos teatros dedicados a explotar la nueva forma de diversión. Fue el genio de los plebeyos que crearon el negocio cinematográfico entender que para las masas iletradas que hallaban en el flamante espectáculo una diversión más variada, una invitación a soñar más potente que las dispensadas por el music hall o el circo, el escenario era tan importante como el espectáculo.

Muchos gerentes de estudios, muchos arquitectos y administradores de cines eran inmigrantes recientes en los Estados Unidos: William Fox había llegado de Hungría; Thomas Lamb, que diseñó unos trescientos cines para Loews, era escocés; Samuel "Roxy" Rothapfel, que hizo construir la sala más espléndida de la época en Nueva York y recibió por apodo el nombre de su cine, era hijo de judíos polacos afincados en el Lower East Side de Manhattan...

Es probable que esta condición de recién llegados les haya permitido entender espontáneamente lo que deseaba esa humanidad impaciente por escapar al hacinamiento o la miseria, a las agotadoras jornadas laborales, multitudes ávidas de extasiarse con los esplendores de la riqueza ajena, no menos exótica que pagodas, hielos polares o desiertos con camellos. El público deseado merecía acceder por unas monedas a un palacio que anticipara el ensueño que iban a descubrir en la pantalla.

"...ir al cine es, en cierto modo, viajar de una manera ideal, mucho más de lo que algunos podemos suponer."

Roberto Arlt: "Aguafuertes españolas" (1935), 1971

Fue John Eberson, inmigrante austríaco, diseñador de más de cien cines "atmosféricos" entre los años 10 y 20 del siglo pasado, quien acuñó la expresión *movie palaces*, a la vez palacios de cine y para el cine. Con entusiasmo típico de su país adoptivo y de su tiempo, definió el carácter de su trabajo: "Moradas palaciegas, dignas de príncipes y cabezas coronadas, para y en beneficio de Su Excelencia, el ciudadano americano"[1].

Su noción del cine "atmosférico" sirvió de modelo al Ópera de Buenos Aires: Eberson había definido a sus cines como "espléndidos anfiteatros bajo cielos estrellados"; las fuentes de inspiración fueron jardines italianos, patios persas y templos egipcios. También en Buenos Aires, otro cine de la misma empresa, el Suipacha, anunciaba en

---

[1] Citado en Maggie Valentine: *The Show Starts on the Sidewalk: An Architectural History of the Movie Theatre*. New Haven, Yale University Press, 1994.

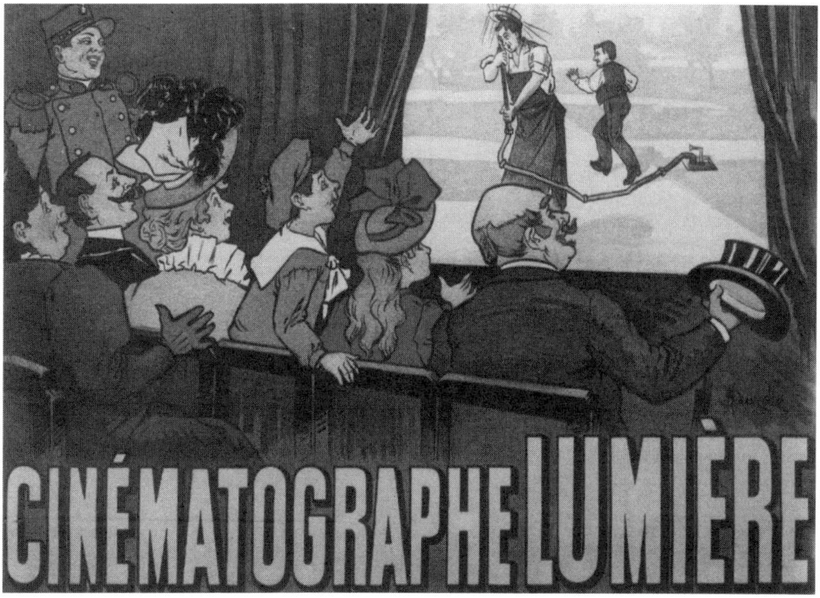

1935, para *The Devil is a Woman* ("Tu nombre es tentación"), último film donde la Dietrich fue dirigida por Sternberg, que en el día del estreno y en sábados y domingos la sala estaría perfumada con el aroma Cleopatra, "creación Marilú"...

En la concepción del *movie palace*, tanto el teatro como todos sus servicios debían ser diseñados para que el cliente se sintiera miembro de una realeza imaginaria. Era su condición de espectador lo que le permitía acceder a un reino que ningún monarca pretérito habitó: el mundo del cine. "Ningún rey, ninguna reina conocieron semejante lujo, tal variedad de canto y danza, tal plenitud de placer como la que le proporcionamos para su entretenimiento. ¡Mientras dure el film, usted es el rey!"[2]. En el Roxy de Nueva York, el hall de entrada aceptaba la presencia de cuatro mil espectadores entre columnas de mármol de cinco pisos de altura; Samuel "Roxy" Rothapfel, su propietario, llegó a despedir a aquellos empleados que llamaban entrada o vestíbulo a ese espacio, bautizado por él Gran Rotonda...

El éxito no se hizo esperar: entre 1913 y 1922 se abrieron cuatro mil cines en los Estados Unidos y las compañías productoras rápidamente entendieron la utilidad de monopolizar las tres ramas del negocio: producción, distribución y exhibición. El patriotismo triunfalista de la época tomó a menudo la forma de una apropiación omnívora del patrimonio histórico y cultural clásico. "El espíritu del cine", un fresco en el hall del Loew's State Cinema de Cleveland, obra de

---

[2] Publicidad para la inauguración del cine Fox de San Francisco en 1920, citada por Preston Kaufmann: *Fox-The Last Word Story of the World's Finest Theater*, Pasadena, California, Showcase Publications.

James Daugherty, fue descrito por un periodista de la época como "un cuadro americano: aquí la vampiresa moderna reemplaza a Helena de Troya, la música de jazz ahoga la flauta de Pan, el automóvil desplaza a la carroza y un avión a Pegaso, mientras los rascacielos echan sombra sobre la Acrópolis"[3]. En el hall del Metropolitan Theater de Grauman, construido en 1923 en Los Ángeles, los espectadores recibían la bienvenida de una esfinge egipcia con la cabeza de George Washington.

Otros cinematógrafos preferían inspirarse en iglesias y palacios europeos: el Ringling, construido en 1915 en Baraboo, Wisconsin, era una réplica del teatro de ópera de Versailles, cuyo hall de entrada ostentaba un incongruente friso copiado de la catedral de Florencia. En el Loew's Paradise de Brooklyn, palomas embalsamadas rodeaban bustos de Lorenzo de Medicis y Benjamin Franklin en la réplica de un patio veneciano. Eve Fox, la esposa de William, recorrió Europa comprando objetos de arte para decorar el Fox

---

[3] Ben Hall: *The Best Remaining Seats. The Story of the Golden Age of the Movie Palace.* New York, Clarkson N. Potter, 1961.

Theater de San Francisco, construido en 1929; aunque artesanos europeos copiaron lo que no estaba disponible en el mercado, el teatro se enorgullecía de poseer un par de jarrones auténticos que habían pertenecido a la familia imperial rusa.

Pese a que la catedral gótica fue la fuente de inspiración más popular, hubo intentos aislados de incorporar elementos indígenas, sobre todo en las regiones cuyo pasado histórico parecía justificarlo. Así fue como el Aztec de San Antonio, Texas, tenía a modo de araña la réplica de una piedra sacrificial azteca adornada con manchas de sangre (pintadas); en el KiMo de Albuquerque, New Mexico, las lámparas colgantes eran réplicas de canoas indias.

En 1922, el descubrimiento de la tumba de Tutankamón (llamado familiarmente "King Tut" en los Estados Unidos) encendió una moda que Sid Grauman, uno de los empresarios más extravagantes, se apresuró en acatar. En ese mismo año hizo construir el Teatro Egipcio en Hollywood Boulevard, cuyo patio de entrada al aire libre estaba custodiado por la estatua de un elefante con lujosa vestimenta y otra del dios Anubis con su cabeza de perro. En ese mismo patio había falsas lápidas y un beduino en túnica montaba guardia ante el muro. Adentro, flanqueaban la pantalla dos columnas con jeroglíficos en bajorrelieve.

El 18 de mayo de 1927 Grauman inauguró su creación más famosa, el Teatro Chino. Inesperadamente, esta pagoda albergó el estreno de una leyenda cristiana: *King of Kings* ("Rey de reyes") de Cecil B. de Mille. Esa noche, la actriz Norma Talmadge pisó por error el cemento fresco y dejó en él la huella de sus pies; Grauman no vaciló en invitar a Mary Pickford y Douglas Fairbanks a hacer lo mismo, y de ese modo inició una leyenda local que muy pronto sumó las manos de las celebridades a los pies.

Esta noción ingenua, escenográfica del lujo se extendió a todas las dependencias y servicios de los "palacios de cine". En el Loew's Midland Theater de Kansas City, el toilette de damas había sido el salón oriental de la mansión de los Vanderbilt en Manhattan, desmontado y transportado en 1927 cuando se demolió la residencia neoyorquina de la familia. Acomodadores y boleteros vestían uniformes pródigos de púrpura y oro, diseñados por vestuaristas de Hollywood, y habían debido superar tanto clases de etiqueta como un entrenamiento dispensado por ex suboficiales del ejército.

Primera sección a las 21

Torero de ocación

Graciosos dibujos de Espaghetti.

Segunda sección a las 21.10

Extraordinaria Superproducción

UNITED ARTISTS

Notable éxito Cómico

El candor de un niño, iluminando con su juventud, el malhumor de la vejez!

El pequeño y genial actor

FREDDIE BARTHOLOMEW
con
DOLORES COSTELLO BARRYMORE
en:

El Pequeño Lord

(Little Lord Fauntleroy)

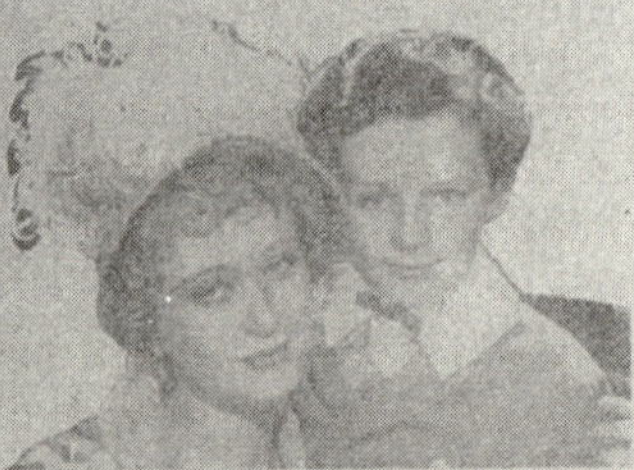

Reparto:

Ceddie
FREDDIE BARTHOLOMEW
Amada
DOLORES COSTELLO BARRYMORE
Earl de Dorincourt
C. AUBREY SMITH
Mr. Hobbs . GUY KIBEE
Dick. MICKEY ROONEY
Mary . . . Una O'Connor
Havisham
Henry Stephenson

Dirección de: JOHN CROMWELL.

IMPRENTA ROETZLER, LAVALLE 1621

Tercera sección a las 22.55

Noticiario Paramount No. 46

Actualidades mundiales. — Ultimas informaciones llegadas por avión.

El circo de Mickey

Maravillosos dibujos en colores de Walt Disney.

. . .

¡Un film de incomparable belleza, rodado totalmente en tecnicolor!

MARLENE DIETRICH y
CHARLES BOYER en:

El Jardín de Alá

¡El desierto como salvaje fondo de un drama de vida, de pasión y de fatalidad!

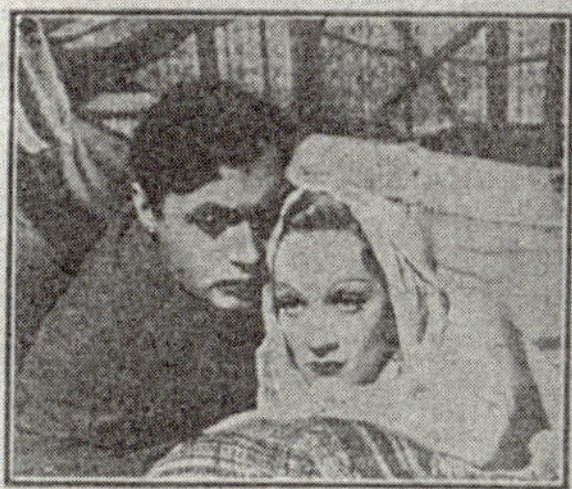

REPARTO:

Domine Enfilden — MARLENE DIETRICH
Boris Androvsky — CHARLES BOYER
Conde Anteoni — Basil Rathbone
Padre Roubier — C. Aubrey Smith
Irena .... Tilly Losch
Batouch. Joseph Schildkraudt

Dirección de:
RICHARD BOLESLAWSKI

Es una película
Super extraordinaria

UNITED ARTISTS

Producida por:
DAVID O. SELZNICK

PODESTARELLI Y CIA. LTDA. - URUGUAY 263

"The movie theater is the psychoanalytic clinic of the average worker's daylight dream."

Parker Tyler: *The Hollywood Hallucination*, 1944

"...the movie theater rite corresponds directly to the profoundly primitive responses of the audience; the auditorium is dark, the spectator is relaxed (...) the screen is the focus of light, while the spectator is conscious in a darkness of the bedroom."

Parker Tyler: *Magic and Myth of the Movies*, 1947

El advenimiento del cine sonoro no fue simultáneo en todo el mundo y significó cosas diferentes en distintos países. Significó, por ejemplo, el final de la música *live* que acompañaba a los films mudos, practicada, entre tantos otros, por el joven Dimitri Shostakovich al piano del Cinepalace de Petrogrado (más tarde rebautizado Barricada, durante las décadas en que la ciudad pasó a llamarse Leningrado) y también por Marie Legrand, Madame Donnadieu, madre de Marguerite Duras, que para conmover al empresario del Eden-Cinéma de Saigón, y acaso también por no tener a quien confiarlos, solía llevar a las funciones a sus dos hijos, y acostarlos, arropados con mantas, semidormidos, a un lado de su banqueta. En Buenos Aires esa novedad hizo perder un modus vivendi a muchos incipientes músicos de tango. En el Japón significó el ocaso gradual de los *benshis*, narradores que relataban la acción de los films mudos con énfasis dramático que ningún intertítulo podía igualar, y cuyas proezas eran celebradas por admiradores a menudo menos atraídos por el film mismo que por su narrador.

La crisis de 1929, casi simultánea con el cine sonoro, no fue una catástrofe para las salas. La inmediata disminución de público duró poco. Bajaron los precios de la entrada y los empresarios crearon rifas, premios y otras recompensas para atraer espectadores. Según los analistas, la voracidad de escapismo arrastró nuevas hordas de desocupados a las salas oscuras. Hacia 1932, la cartelera cinematográfica de Buenos Aires prometía a los espectadores de ciertos cines de barrio la posibilidad de ganar desde una estufa, la arcaica salamandra, hasta una batería de cocina. Los años 30 conocieron un segundo florecimiento de los cines, menos ostentoso pero dirigido a un público no menos asiduo.

Roberto Arlt describió a ese hombre que todos los días busca infructuosamente trabajo y, avergonzado de no hallarlo, posterga la vuelta al hogar, a la mirada desilusionada, si no al reproche de su mujer, refugiándose por unas monedas en el programa triple de alguna modesta sala de barrio... "La necesidad de buscar olvido. Un hombre sin trabajo... y aquí ya tenemos la respetable cifra de quinientos mil desocupados que necesitan meterse en alguna parte donde lo que sus ojos miren sea absolutamente distinto a aquello que día por día, noche por noche, le recuerda que es un ser humano que no produce ni para sí mismo"[4].

Fue el advenimiento de la televisión, masivo a partir de 1948 en los Estados Unidos, lo que inició la decadencia del espectáculo cinematográfico en su forma tradicional. La industria, ingenuamente, torpemente, creyó útil contraatacar con pantallas anchas, con CinemaScope y Cinerama. En 1955, la enorme mayoría de los hogares, y no sólo los norteamericanos, sobre todo los menos privilegiados, poseían un televisor. En esa fecha, un film de la Universal, *All That Heaven Allows*

---

[4] "El cine y los cesantes", *El Mundo*, 24 de julio de 1932, recogido en *Notas sobre el cinematógrafo*. Simurg, Buenos Aires, 1997.

("Lo que el cielo nos da"), de Douglas Sirk, se atrevía a asociar la presencia de un televisor en el hogar con la falta de impulso vital, con la pereza afectiva, con el horror de los suburbios satisfechos de su mediocridad.

Hacia 1970, la subdivisión de los grandes cines en salas de diferente capacidad cundió desde Europa a los Estados Unidos y al resto del mundo. En los años 80, una sala que había sido de las más elegantes de Buenos Aires, el Ideal, en vísperas de quedar relegado a la pornografía en su planta baja y a templo de algún culto innominable en su parte alta, ya estaba fragmentado en salas de proyección defectuosa, tangencial a la pantalla, que producía una imagen trapezoidal. La experiencia humillante de ver un film en esas condiciones permite entender el éxito temprano, inmediato, de los videocasetes.

Con el video y el DVD se cumplió una paradójica asimilación de espectadores hasta ese momento polarizados: el entretenimiento familiar empezó a consumirse en casa, con varios espectadores para un solo alquiler del film, pero también se consume en casa el film de autor que el cinéfilo quiere ver más de una vez sin someterse al azar de la programación en los cines, que desea detener y volver atrás para observar un aspecto de filmación o montaje, para escuchar de nuevo una réplica o estudiar una actuación.

Una vez ingresado en el ámbito doméstico, el film perdió el carácter sagrado que el cine le confería. De la religión al teatro, de éste al cinematógrafo, el espacio consagrado al culto había cumplido un periplo de laicidad, pero en él subsistía un resabio del carácter sagrado del antiguo rito. Era necesario salir del hogar para acudir a un templo donde se oficiaba un culto y sólo allí podía accederse a él. El film no convivía en la atención del espectador con el teléfono inoportuno, la heladera invitante, la familia locuaz. Aun con la inédita calidad de imagen y sonido que hoy proponen las salas de los centros comerciales, en ellas el film ha pasado a ser una posibilidad más de consumo, entre "patio de comidas" y el nada exótico bazar de bienes superfluos.

"...el perfecto espectador de cine pide silencio, aislamiento y oscuridad: está trabajando, está colaborando al acto, como el coro de la tragedia griega."

Alfonso Reyes: "Las quejas del público", *España*, 23 de diciembre, 1915
Luego en *Simpatías y diferencias*, tercera serie, 1922

Reyes, que prodigó proféticas intuiciones del cine por venir, no podía prever que el futuro realizaría en clave de pesadilla este particular deseo.

Hacia 1969 se reunieron en Nueva York cineastas experimentales como Jonas Mekas, Peter Kubelka, Stan Brakhage y el teórico P. Adams Sitney para fundar un museo-cinemateca de films "de vanguardia": el Anthology Film Archives. Inaugurada en 1970, en el Public Theater de Joseph Papp, la sala ideada por Kubelka, y que iba a ser conocida como *"the invisible cinema"*, tenía paredes, techo y piso cubiertos de pana negra para absorber la luz sin reflejarla; pero fueron los asientos, también diseñados por el cineasta austríaco, los que son recordados como una de las aberraciones más petulantes del purismo teórico. Separados por mamparas pintadas de negro y coronados por una especie de capuchón, esos asientos debían garantizar la mayor concentración en el espectáculo y evitar toda distracción, aun verbal, por parte de vecinos. El autor de este libro recuerda haber huido de la sala pocos minutos después de haber entrado, antes que empezase el film, espantado ante la visión de lo que parecían hileras de ataúdes de pie.

Hacia 1978, la sala había pasado a ser el cine del Public Theater y las efímeras innovaciones de Kubelka ya habían sido reemplazadas por asientos comunes.

En el extremo opuesto de tan estéril ascetismo estaban otros cines de New York: el Theater 80 St. Marks en pleno East Village (cerrado en 1994), con sus programas dobles de films viejos, proyectados por detrás de la pantalla en copias en 16 mm, borrosas, mutiladas; el Elgin en Chelsea (cerrado en 1977), con sus programas de medianoche, tarifas simbólicas para jubilados y un piso superior abierto sin restricciones para el intercambio gay; el Thalia, decididamente *uptown,* al borde de Harlem, con programas dobles de clásicos europeos y norteamericanos... En estos cines agrestes, en el Regency, en el Bleeker Street Cinema, se formaron varias generaciones de cinéfilos, que solían llevar a la sala café y brownies y se sentían autorizados a dialogar con la pantalla no menos espontáneamente que el público de Bombay o Madras.

En el Theater 80 St. Marks, una noche de invierno de 1978, el público de *Murder at the Vanities* (1934) respondió con entusiasmo al número musical “Sweet Marihuana”, censurado en las copias originales del film, encendiendo porros y cantando la letra con las somnolientas coristas que en la pantalla se mecían con ojos entrecerrados, recostadas sobre palmeras de cartón.

"La nobleza de una morada se mide
por la calidad de sus fantasmas."

E. C.: *Citizen Langlois*, 1994

"Detrás de los cartelones o enfrente, hay un pueblo de
mujeres y de chicos que sueñan por anticipado el
argumento y los peligros de los protagonistas.
En los vestíbulos vuelve a verse a los desaparecidos,
los revenants."

Ezequiel Martínez Estrada: "Buenos Aires",
en *Radiografía de la pampa*, 1932

¿Qué fantasmas pueden rondar estas *old dark houses*? Parecen, para desilusión de quienes los esperamos curiosos, fantasmas tímidos, indignos del esplendor decorativo que visitan, de la magia alguna vez asociada con el nombre de Hollywood.

Una niña, que llaman Annabel, se agitaría infatigable detrás de la pantalla del Teatro Chino de Grauman, tirando de las cortinas y asustando con súbitas apariciones al personal. Howard Hughes, el excéntrico magnate, aviador, productor, mujeriego y ermitaño, adquirió en 1949 el cine Pantages, monumento art-déco de Los Ángeles, como parte de su compra de la compañía RKO. Instaló sus oficinas en el segundo piso y, a pesar de que a mitad de los años 50 liquidó todo lo que alguna vez perteneció a la RKO para aislarse más tarde en la fortaleza donde iba a morir en 1976, según el personal del cine nunca lo ha abandonado; son incapaces, sin embargo, de describir cómo esa presencia se manifiesta.

En el Warner Pacific Theater, es el fantasma de Sam, uno de los cuatro hermanos Warner, el que ha sido visto reiteradamente, después que el cine ya ha cerrado, por los encargados de limpieza y vigilancia. Su pasatiempo preferido sería subir y bajar en un ornado ascensor, vacío ante ojos profanos pero accionado *after hours* por manos invisibles. Sam Warner había sido el encargado de preparar la sala para el estreno muy publicitado de *The Jazz Singer*, el primer film sonoro, y cuando resultó evidente que la sala no estaría en condiciones para la fecha anunciada del acontecimiento, y éste debió mudarse a New York, maldijo al cine antes de caer derribado por un derrame cerebral en 1927.

Anubis... En el Egipto de la historia y la leyenda, el dios Anubis, cuya réplica barnizada vigila la entrada del Teatro Egipcio de Grauman, presidía sobre las necrópolis: era la divinidad de la tierra de los muertos. En los sepulcros, su estatua

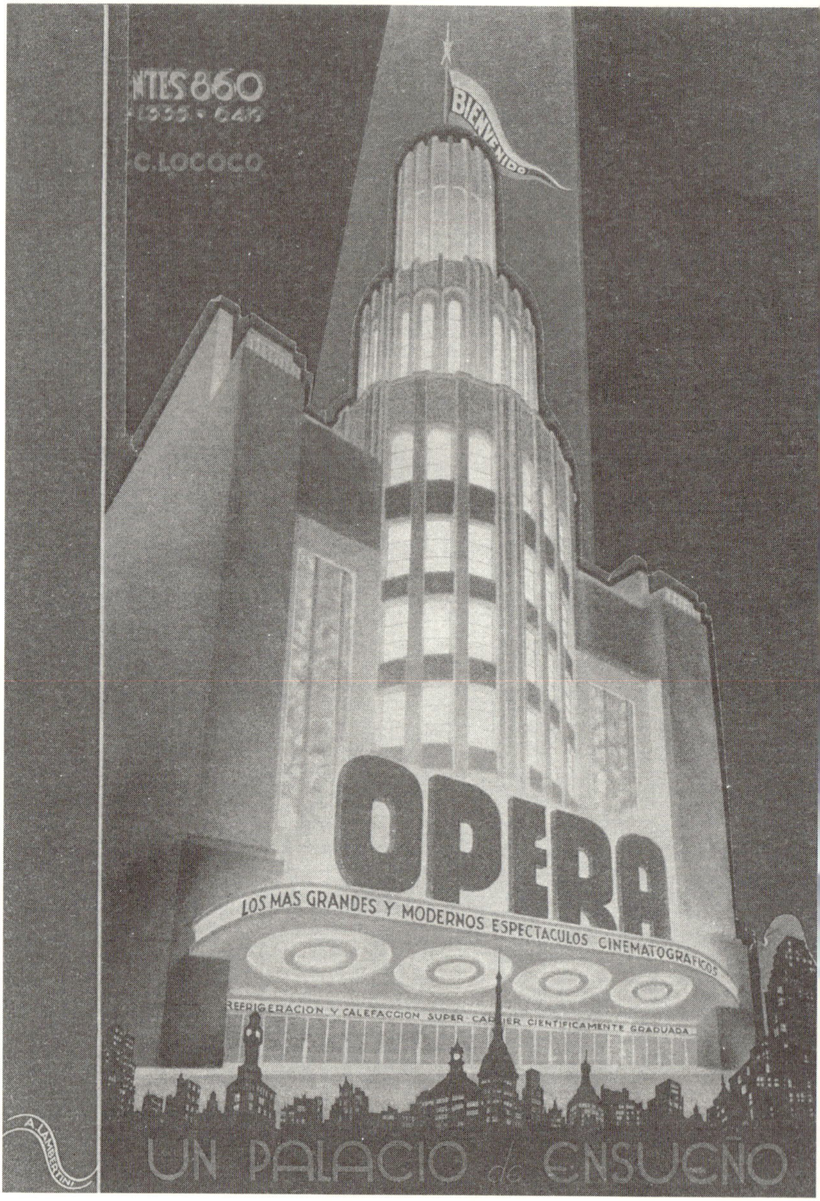
C. LOCOCO
BIENVENIDO
OPERA
LOS MAS GRANDES Y MODERNOS ESPECTACULOS CINEMATOGRAFICOS
UN PALACIO de ENSUEÑO

protegía el recinto de las momias y espantaba a los espíritus malignos. Acaso su remedo decorativo, fabricado en algún estudio de Hollywood, anticipara proféticamente la ruina de esos palacios plebeyos que ningún fantasma de calidad iba a rondar...

"È questa la casa di Dio?"

Un niño delante de un cine
en *Nitrato d'argento*. Marco Ferreri, 1996

En los Estados Unidos el palacio de ilusión se dirigía a espectadores crédulos, menos de las falaces ficciones de la pantalla que de las seductoras promesas de "la tierra de la oportunidad". Junto con estas ilusiones la historia se encargó de disipar sus monumentos. Hoy los restos de aquellas escenografías pueden visitarse como ruinas modernas en todo el mundo, pues la fantasía arquitectónica fue importada, aunque con menos extravagancia y esplendor, al mismo tiempo que la producción de Hollywood.

En Buenos Aires, el arqueólogo aficionado puede recorrer la calle Lavalle, decaída en reducto de bingo, choripán y proxenetas, transitada por un lumpenaje digno del pincel de Grosz o de Otto Dix, imaginando lo que fue en un tiempo la "Broadway porteña". El cine Monumental, donde se estrenaban los films argentinos más importantes, era conocido como "la catedral del cine criollo". Ornamentos reminiscentes de Florencia y de Bombay agraciaban las dimensiones humildes de salas secundarias como el Renacimiento o el Hindú.

En París, aun cines modestos en barrios de inmigrantes nordafricanos apelaron a motivos arabizantes en su decoración, ya que no en su arquitectura. Frente a las vías elevadas de la estación de metro Barbès-Rochechouart se pueden ver todavía los restos del Barbès Palace con sus bajorrelieves intrincados; a pocos cientos de metros, el Myrrah Palace en la calle homónima y, sobre los bulevares, el Delta, ambos también desaparecidos, no escatimaban follaje de papiros y aves legendarias.

Ese arqueólogo de cines difuntos notará casos particulares de decoración dirigida a un público con cultura cinematográfica en los cines "de arte", ambigua expresión que en Francia dio *cinémas d'art et d'essai* y en Buenos Aires consagró, en la calle Corrientes al 1500, el Cine Arte, fundado en 1941 por Elías Lapzesohn y León Klimowsky (más tarde cine Lorraine, hoy librería Losada). En los años 30 el Studio Parnasse, en Montparnasse, había rodeado su sala con un discreto friso de nombres que resumían la aristocracia del arte cinematográfico en aquellos años. Más ambicioso, el Cine Arte porteño encargó dos frescos enfrentados. El de Juan Carlos Castagnino presenta una roca primitiva y una máscara en el centro de un paisaje desértico al gusto surrealista. Los nombres grabados en la piedra son los de Meliès, Griffith, Chaplin, Buñuel, O'Flaherty (sic) y Eisenstein. En la pared de enfrente, el fresco de César López Claro prefiere caballos y ninfas en un paisaje también desértico, impregnado de la misma estética surrealizante. Ambas pinturas, rescatadas en un gesto insólito para Buenos Aires, hoy pueden verse en la librería que ocupa el local del cine desaparecido.

El culto del decoro por parte de la clase media porteña, su epidérmica devoción por la cultura francesa suscitaron una serie de "palacios" de modesta arquitectura y dimensiones nada palaciegas a lo largo de la alguna vez elegante avenida Santa Fe: a un lado y otro de la avenida Pueyrredón, el Palais Royal y el íntimo Palais Bleu; más lejos un Grand Palais y un Petit Palais. Ninguno de ellos ha sobrevivido. En todos los barrios hubo salas con aspiraciones, aun pretensiones, superiores al nivel medio de sus espectadores: el Pueyrredón de Flores, el Gaona y el Imperio, ambos en Paternal. Caso único, el Fénix, en Flores, se declaraba copia del Teatro della Fenice, en Venecia.

Un rastro pintoresco de supervivencia asomó recientemente en el Roca, de Almagro, invadido desde hace años por predicadores y músicos evangelizantes que responden a una miseria nueva, que ningún espectáculo cinematográfico ya puede aliviar. Sobre su marquesina, el nombre "Roca", en pesadas letras metálicas, no fue desalojado, pero en los años 90 del siglo pasado se lo incorporó al nuevo destino del local, rodeándolo por letras que componían, en forma de arco, "Jesús es una...". En todos los barrios de Buenos Aires hay cines convertidos a inéditos cultos evangelizantes, y en la misma calle Lavalle el Iguazú ha sido rebajado a templo, mientras el Ambassador conoce una suerte acaso no menos aciaga, como *outlet* de ropa en serie.

Restos de los palacios de esa época sepulta pueden reconocerse en casi todas las ciudades: en Berlín, el Metropol de Nollendorf Platz, el barrio de Isherwood y Auden en los *twenties* (cine que no debe confundirse con otro Metropol, el de Leipziger Strasse, en lo que hasta la caída del Muro fue el sector Este), pasó a ser discoteca en los años 70, así como en Buenos Aires, aproximadamente por los mismos años, el Argos de Colegiales se convirtió en la disco New York City. En Los Ángeles, el abandonado Million Dollar Theater, construido en 1918, resucitó como decorado, a la vez fantasioso y decadente, en varias escenas de *Blade Runner* (Ridley Scott, 1982).

En París, el inmenso Rex, en los Grands Boulevards, palacio art-déco construido en 1932, se jactaba de ser el cine más grande de Europa. Hoy está dividido en cantidad de salas, algunas de las cuales permiten sin embargo adivinar lo que fue su carácter original. Tenía tres niveles decorados en estilo art-déco, con reminiscencias tunecinas para evocar los paisajes donde había vivido su infancia Jacques Haïk, el empresario que lo hizo construir. Entre sus servicios contaba una peluquería y también una guardería para perros, algo que en Francia no es ridículo. En las semanas que preceden a la Navidad, el Rex solía presentar un show de "aguas danzantes". Hoy es necesario cruzar el boulevard para apreciar desde la vereda de enfrente su imponente mole.

Aun en Formosa, la provincia más desastrada de la Argentina, la paupérrima capital conserva, como un sepulcro vacío, un cine de dimensiones incongruentes con los hábitos actuales de su población: el Gran Cine Roma.

Tras una primera aparición en *The Last Picture Show* (1971), de Peter Bogdanovich, la celebración melancólica de los cines desaparecidos, más bien de la experiencia de los espectadores que los frecuentaron y para quienes salas y películas quedaron indisolublemente asociadas, se fue convirtiendo en tema de films muy diversos. *Im Lauf der Zeit* (1975), de Wim Wenders, fue su primera y más articulada manifestación europea. En forma de *road movie,* el film sigue, más allá de una anécdota de *male bondage* ocasional, a un camión, cine ambulante que recorre la provincia alemana en el momento en que la entonces República Federal tomaba conciencia de la cantidad de cines que cerraban definitivamente sus puertas. Al final, en una secuencia de resonancia casi mística, el operador-camionero llega a un cine cerrado cuya dueña mantiene el proyector en condiciones de volver a funcionar en cualquier momento. Esa mujer habla al lado de una foto de Fritz Lang, visibilísima en la imagen.

(Esos camiones no fueron invento del film: iniciativa de un festival "alternativo" de principios de los años 70, se habían propuesto llevar el cine a pueblos y comarcas donde las salas habían cerrado. Durante un festival de Berlín, uno de ellos se instaló en plena Kurfürstendamm, frente a la Gedächtniskirche, y en su pantalla reducida y con el sonido aproximativo de una copia en 16 mm pudieron volver a verse algunos de los esplendores suntuosos de Hollywood, como *Angel* [1937], de Lubitsch, con la Dietrich. Ese desafío de cara a una fiesta de cine industrial, manifestación de "melancolía de izquierda" [Benjamin], inocuo gesto reaccionario respecto a la sociedad de consumo, guarda el encanto de las causas perdidas: estaba por nacer una generación que descubriría los clásicos, y se nutriría de ellos, en VHS y DVD.)

Todo *Nitrato d'argento* (1996), de Marco Ferreri, es un peregrinaje, caprichoso, imprevisible, por salas de cine de otros tiempos, entre *via crucis* y via dei Fori Imperiali: ruinas que evocan la grandeza de un imperio difunto, y que culmina con un público anónimo que espontáneamente canta a coro con Gardel, como una plegaria en una iglesia profana, "El día que me quieras" durante la proyección del film homónimo. Sentimental y lacrimógeno, *Cinema Paradiso* (1988), de Giuseppe Tornatore, hizo su motivo central de cierta mística de la proyección pública de films. En clave elegíaca, un peregrinaje por los cines desaparecidos de Buenos Aires asoma en los primeros minutos de *BoulevardS du crépuscule* (1992), del autor de este libro.

Pero el monumento indiscutible de esta serie es *Good-bye Dragon Inn* (2003), de Tsai Ming Liang. El film imagina las dos últimas horas de actividad en el último día de vida de un cine de grandes dimensiones, el Fu-Ho, de Taipei, que será demolido para edificar en su sitio un complejo de multisalas. En tales circunstancias, la última película proyectada cobra un valor simbólico: en el film precursor de Bogdanovich era *Red River* ("Río rojo"), de Howard Hawks, por aquel entonces modelo del joven cineasta: Bogdanovich lo había citado profusamente en *Targets*, su primer film, e iba a componer un pastiche de comedia hawksiana en *What's Up Doc*.

Aquí se trata de *Dragon Inn,* de King Hu, film que guarda para Tsai Ming Liang un fuerte valor afectivo ("cuando era chico vi 200, 300 o más películas, y entre ellas *Dragon Inn* era la más especial, la vi a los once años"[5]). Con inteligencia, no trata de imitar esa forma de cine irrepetible; más bien juega a distancia y en contraposición con el film admirado. Pone en la platea, por ejemplo, a sus protagonistas, Miao Tien y Shih Chun, actores olvidados, sobrevivientes a su momento de popularidad, como el mismo edificio que visitan, y que al salir de la última proyección del último día de vida del cine se reconocen e intercambian un breve recuerdo de tiempos idos.

¿Están vivos o son apariciones desprendidas de la pantalla? Son más reales, en todo caso, que el operador, invisible hasta una de las escenas finales, buscado en vano durante todo el film por la empleada coja (boletera, acomodadora, limpiadora) que le ha dejado una ofrenda alimenticia en la cabina de proyección. El joven japonés que a lo largo del film busca sin éxito algún contacto sexual con distintos hombres del público, y des-

[5] Entrevista citada en Marcelo Panozzo (ed.): *Una sandía es una sandía: las películas de Tsai Ming Liang*. Gijón, Festival Internacional de Cine de Gijón, 2005.

pués de cambiar de lugar varias veces en la sala recorre pasillos, depósitos, todo un cochambroso laberinto de trastos viejos y goteras ubicuas, recibe por única recompensa a sus esfuerzos una de las escasas líneas de diálogo que se escuchan en el film. El espectador a quien se acerca en un amago de relación le informa que en ese cine ha habido fantasmas.

Con el lirismo sin énfasis y los *tempi* contemplativos propios del cineasta taiwanés, el film va tramando contactos furtivos, anécdotas entrevistas, historias apenas sospechadas, atisbos de sexo clandestino, sobre todo la desolación de un público en vísperas de perder la decaída morada de su imaginación.

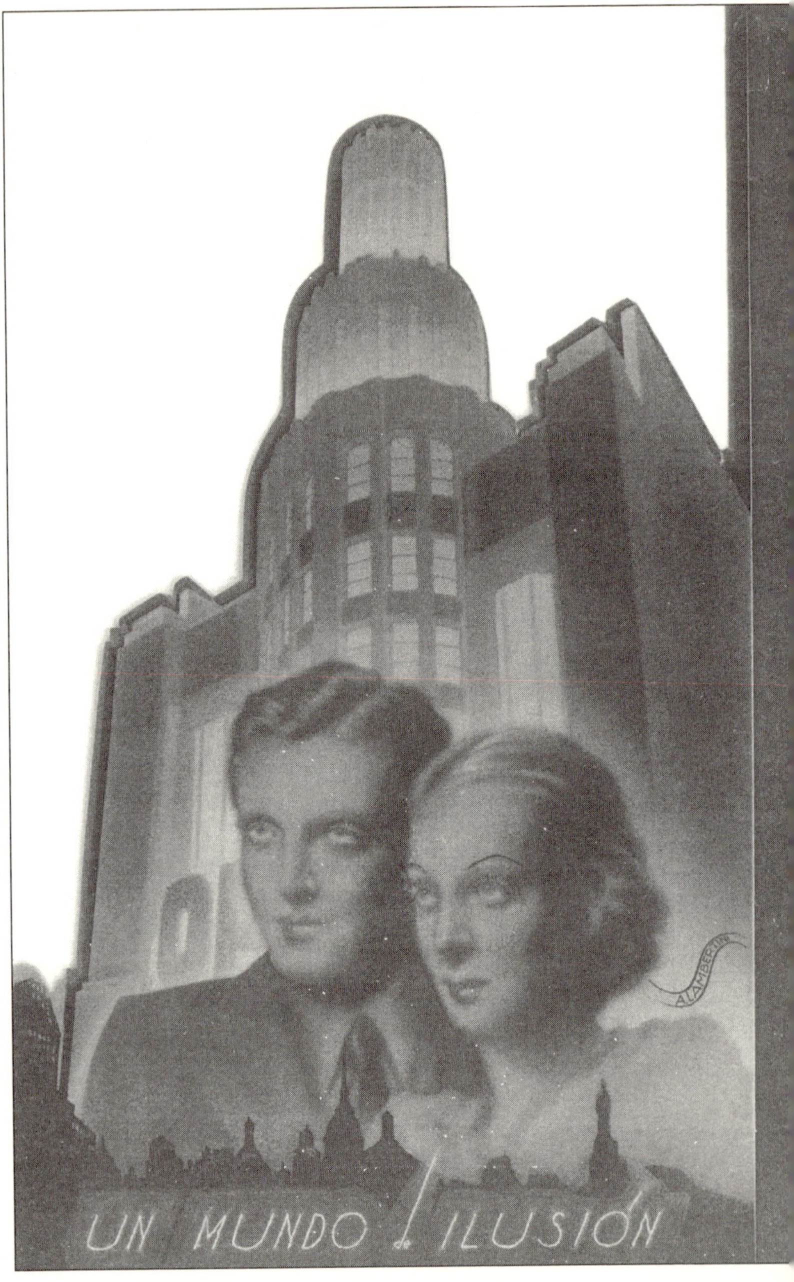
ALAMBERTINI
UN MUNDO de ILUSIÓN

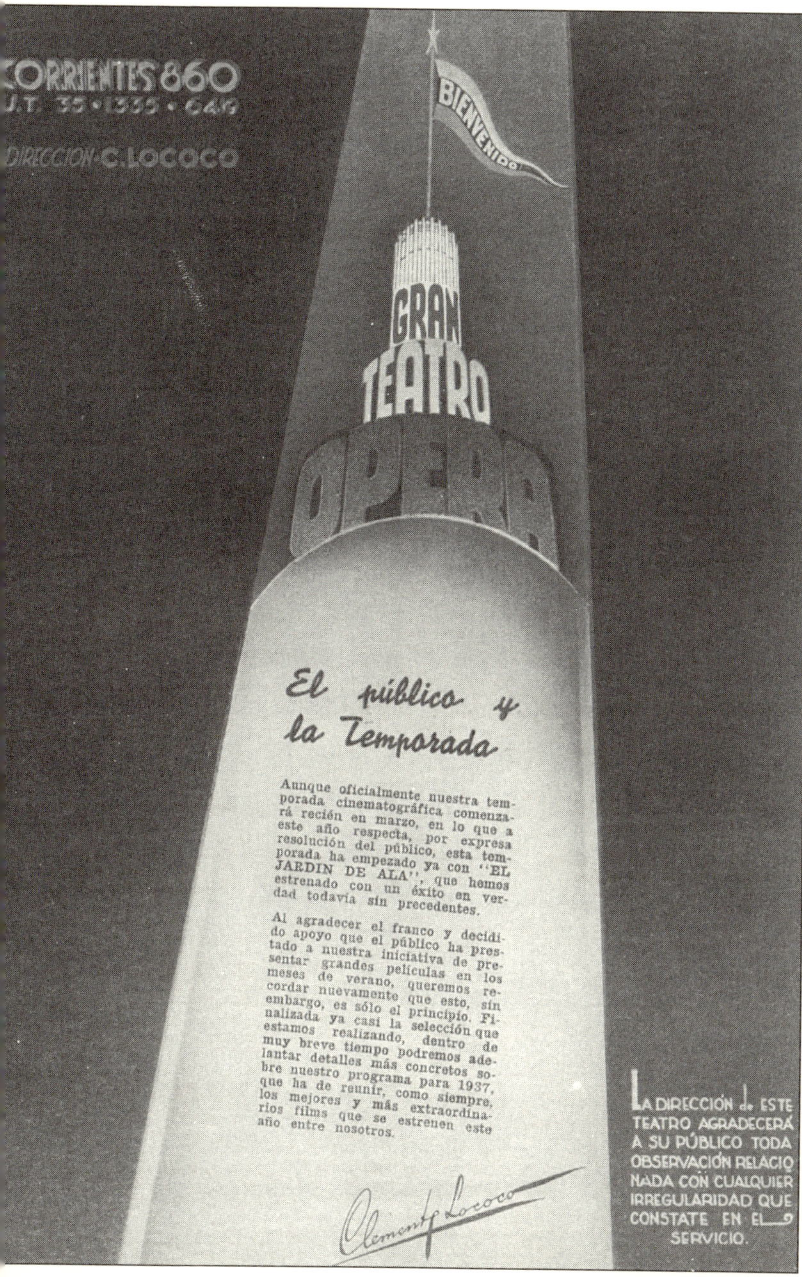
CORRIENTES 860
U.T. 35 • 1335 • 649
DIRECCIÓN C. LOCOCO
BIENVENIDO
GRAN TEATRO OPERA
El público y la Temporada
Aunque oficialmente nuestra temporada cinematográfica comenzará recién en marzo, en lo que a este año respecta, por expresa resolución del público, esta temporada ha empezado ya con ''EL JARDIN DE ALA'', que hemos estrenado con un éxito en verdad todavía sin precedentes.
Al agradecer el franco y decidido apoyo que el público ha prestado a nuestra iniciativa de presentar grandes películas en los meses de verano, queremos recordar nuevamente que esto, sin embargo, es sólo el principio. Finalizada ya casi la selección que estamos realizando, dentro de muy breve tiempo podremos adelantar detalles más concretos sobre nuestro programa para 1937, que ha de reunir, como siempre, los mejores y más extraordinarios films que se estrenen este año entre nosotros.
Clemente Lococo
LA DIRECCIÓN de ESTE TEATRO AGRADECERÁ A SU PÚBLICO TODA OBSERVACIÓN RELACIONADA CON CUALQUIER IRREGULARIDAD QUE CONSTATE EN EL SERVICIO.

"Entrar en un cinematógrafo de la calle Lavalle y encontrarme (no sin sorpresa) en el Golfo de Bengala o en Wabash Avenue me parece muy preferible a entrar en ese mismo cinematógrafo y encontrarme (no sin sorpresa) en la calle Lavalle."

Borges: "La fuga", *Sur*, nº 36, agosto de 1937

Al entusiasmo de poetas y escritores por el cinematógrafo y sus héroes, desde Lorca hasta Blaise Cendrars, hay que oponer el escepticismo, aun la hostilidad de muchos intelectuales y personas de cultura. Enrique Díez-Canedo expresó esa desconfianza, con énfasis en las salas dedicadas al nuevo espectáculo: "Nos llevan, como huyendo de la soledad y buscando calor de muchedumbre, a templos brillantes, elevados con derroche de materias ricas y profusión de luces —todas apagadas en cuanto un solo haz concentra la imagen dinámica y fiel de la vida—, nos llevan a lugares de puro espectáculo, no sometido a caducidades de rutina ni a riesgos de improvisación, sino fijado de una vez para siempre con todo lujo de accesorio, eliminando lo torpe y lo incompleto, hilando tan sólo en una acción los momentos expresivos, las palpitaciones vitales, o, por lo menos, con la pretensión de hacerlo así, dejándolo registrado de una vez para siempre"[6].

Su vindicación del teatro, arte del riesgo, de lo impermanente, adquiere una interesante proyección política a partir de la diversa frecuentación de las salas: "Allí, en el teatro semidesierto, las democracias en decadencia; aquí, en el repleto salón del cinematógrafo lujoso, las seducciones, la vibración, la fuerza acaparadora, el sofisma victorioso del espectáculo totalitario". El intelectual español, republicano exiliado en México, parecería haber descubierto en el conflicto de teatro y cine una explicación de la idolatría del nuevo espectáculo ("para nosotros, la más importante de las artes", según la famosa declaración de Lenin), cultivada por Hitler, Stalin y Mussolini.

Mucho le hubiese sorprendido enterarse de que a fines de su siglo y a principios del siguiente, el espectáculo *live* iba a conocer un renacimiento, y que algunos cines iban a volver a ser teatros, como el Theater 80 St. Marks y el Elgin en New York. En Buenos Aires, el Regio, en el barrio de

---

[6] Enrique Díez-Canedo: *El teatro y sus enemigos*. México, La casa de España en México, 1939.

Colegiales, ha recuperado con éxito su destino original de teatro; en Villa Urquiza, el 25 de Mayo, largos años cine, hoy abandonado tras haber decaído en "bailanta" y bingo, ha sido comprado por el Gobierno de la Ciudad y anuncia su reapertura como teatro.

En una clave menos negativa, el interminable catálogo de desvaríos estilísticos, de mero mestizaje en la decoración de los cines de la época de oro ("pesadilla poblada de pavorreales, o de elefantes, o de rejas españolas"), suscitó la sorna de Victoria Ocampo. "Últimamente la más terrible de todas [las pesadillas] imitaba, sobre nuestras cabezas, una noche estrellada, con nubes, y nos rodeaba de una ciudad maravillosamente horrenda, llena de torrecitas color merengue, de balcones, de estatuas..."[7]. A la "flamante pesadilla" del cine Ópera, Ocampo opone el viejo teatro que estaba en el mismo sitio, la confitería del Gas, el parque Lezama y el Jardín Botánico, cuyas renovaciones censura: "Cuanto más pasa el tiempo, más a menudo nos

[7] "Dejad en paz a las palomas: un nuevo cine abre sus puertas", *Sur,* nº 34, julio de 1937, pp. 84-96.

vemos obligados a bajar los ojos al pasearnos por nuestra ciudad."

Las batallas del "buen" gusto son siempre batallas perdidas. De ser un término despectivo, la palabra *kitsch* pasó a definir, más que un estilo, cierta curiosidad (o tolerancia paternalista) ante el "mal" gusto. La mirada *camp*, por su parte, iba a rescatar por el humor la solemnidad y lo cursi, el énfasis desplazado, la mera convención; como precio de su rescate sólo exige el exceso. ("Es tan malo que es bueno" sería, según Sontag, la expresión *camp* por excelencia.) El "buen" gusto de una época, si ha de ser reconocido como tal, y aceptado, supone un ascetismo sin esfuerzo reconocible. Es el gesto que Victoria Ocampo reconocía en los amueblamientos (la palabra "decoración" ya sería anatema) de Eugenia Errázuriz.

Irritada por los desbordes del Ópera, Ocampo prefiere reposar la vista entre las líneas depuradas y los colores severos, neutros, en la iluminación difusa del Gran Rex. (Paradójico culto del decoro por parte de quien, en la vida, supo imponer su capricho con aristocrática indiferencia a la opinión vulgar.) "Un nuevo cine acaba, por suerte, de abrir sus puertas precisamente frente a ese indescriptible horror que se llama hoy

Ópera." Su fachada "es sencilla, es limpia, es digna. Da gusto verla en su desnudez y su transparencia. Y cuando, después de haber mirado el cine de enfrente, volvemos los ojos a ella, es como cuando se lee buena prosa después de haber recorrido la de ciertas revistas y ciertos diarios de gran circulación En el interior del Rex igual sensación de alivio".

Setenta años más tarde, el Gran Rex aparece como un compromiso entre cierto despojamiento post art-déco, tímido aire de *Things To Come* ("Lo que vendrá"), de Cameron Menzies, y una idea de funcionalidad, sólo atenuada por la amplitud faraónica de la sala. En su artículo, Ocampo agradece a Alberto Prebisch, arquitecto de ese cine, por el alivio que su obra le proporciona. Prebisch, miembro del comité de redacción de *Sur*, "arquitecto argentino sensible a la belleza y a la fealdad" (V.O.), había opinado en el número 2 de *Sur* (1931), que no veía otro porvenir para Buenos Aires que un temblor de tierra[8].

[8] Citado por Ocampo en "Sobre un mal de esta ciudad", nota fechada en noviembre de 1935, recogida en *Testimonios*, segunda serie, Sur, 1941.

Este desplante de terrorismo olímpico pudo parecer gracioso a una autora a quien repugna el caos urbanístico de Buenos Aires. En la oposición entre ambos cines enfrentados en la misma cuadra de la calle Corrientes resuena su irritación ante lo inarmónico de la arquitectura porteña, ante la falta de una estandarización feliz y el mal gusto resultante del "sueño de la casa propia" (comillas de la autora). Ocampo, que cita a Gropius y había intentado importar a Le Corbusier para rediseñar las orillas de San Isidro, ilustra su artículo con fotografías de las arcadas desparejas de la avenida Alem, que le parecen aberrantes.

Esas arcadas hoy guardan cierto encanto para una sensibilidad que, lejos de impacientarse, se divierte con la extravagancia del Ópera. El *kitsch* acaso no sea sino un efecto lateral del individualismo, de la ausencia de un gusto rector, de un gusto de clase dirigente: lo propio del capitalismo arcaico, tan ajeno al despotismo ilustrado de un *ancien régime* como a las directivas de los totalitarismos que signaron el siglo XX. ¿Acaso los planos racionalistas de la *cité radieuse* de Le Corbusier no evocan hoy una versión menos brutal de Auschwitz, la ilustración de nuestro autóctono "de casa al trabajo y del trabajo a casa"?

Hermanados por el fatum económico, en 2006 tanto el Ópera como el Gran Rex ya no son cines. Aun antes del nuevo siglo, los hábitos del espectador cinematográfico habían decretado obsoletas tales dimensiones difíciles de llenar. Ambos edificios se han refugiado en una época del espectáculo anterior al cinematógrafo, o acaso hayan saltado a una etapa posterior que sería la revisión de aquella prehistoria: albergan conciertos y recitales de música popular, shows de circo, comedias musicales.

Esta mutación no es exclusiva de Buenos Aires. En Esmirna, en algún momento anterior al incendio de la ciudad en 1922, a la evacuación forzosa de la colonia europea, a la incorporación de la ex metrópolis cosmopolita dentro de la Turquía joven de Kemal Atatürk, un niño de familia francesa nacido allí en 1914 vio en el cine Alhambra una versión de *El Conde de Montecristo* que lo marcó tanto como iba a hacerlo la destrucción de la ciudad de su infancia. A los veinte años, ya instalado en París, en vez de lanzarse impaciente hacia el futuro decidió consagrar su vida a rescatar los restos del pasado, y de un pasado hasta ese momento sin prestigio alguno: el del cine. Se llamaba Henri Langlois y su cruzada fue el inicio de la Cinemateca Francesa, la más prestigiosa e influyente de su tiempo.

Hoy el cine Alhambra de Esmirna, salvado de la destrucción, ha sido renovado y alberga el teatro de ópera de la ciudad.

Los *drive-ins* fueron la destrucción más "limpia" de los cines, en el sentido en que se ha acuñado la expresión "bomba limpia" para la que no destruye edificios ni crea innecesarios escombros. La "bomba limpia" sólo mata gente, el *drive-in* rebajó al cine, convirtiendo al film en parte del indiferenciado mundo exterior, algo visto a través del parabrisas de un automóvil. El primero se inauguró el 6 de junio de 1933 en Camden, New Jersey.

Estos "autocinemas", como se los conoció en España, tuvieron su época de éxito en los Estados Unidos después de la Segunda Guerra Mundial, consecuencia de una economía en constante diversificación, de una época de suburbios residenciales en expansión, sobre todo de los años finales de una represión sexual que aun podía necesitar, para suspender su hipocresía, el encubrimiento de un automóvil en la penumbra de un descampado, lo más lejos de una pantalla que pudiese enviarle reflejos delatores. Entre 1946 y 1948, la cantidad de *drive-ins* en los Estados Unidos pasó de 102 a 820. Cary Grant previó que, de imponerse ese modo de ver cine, el estilo de comedia iba a modificarse. Observó que el espectador aislado en su automóvil no oye reírse al público: "En un teatro la risa es contagiosa... En un *drive-in* no puede surgir esa ola que recorre un cine con cuatro paredes".[9]

No man's land, donde el film proyectado era secundario, el *drive-in* nunca "prendió" en la Argentina: el automóvil estacionado en los bosques de Palermo o en una calle arbolada de barrio cumplió la misma función sin necesidad de pretexto cinematográfico. Curiosamente, en momentos de su decadencia en los Estados Unidos, reaparecieron *drive-ins* en España, y en 1999 se abrió uno en la Rusia poscomunista.

En plena transformación de la sociedad norteamericana, y de la industria cuyos films difundieron en todo el mundo una imagen de esa sociedad, sobre todo en el momento más siniestro de la

[9] Citado en "Hors d'oeuvre". *Films in Review,* agosto-septiembre de 1961.

guerra de Vietnam, el *drive-in* fue escenario de la secuencia final del primer film de Peter Bogdanovich, el más interesante que haya hecho: *Targets* (1968). Su insondable personaje central es un joven rubio y pecoso, ícono del norteamericano medio, vendedor de seguros y veterano de Vietnam. Empieza por matar a su madre y a su esposa, luego se sube a un depósito desde donde dispara sobre cuanto automóvil pasa por una autopista, y cuando huye de allí se refugia en un *drive-in* donde, escondido tras la pantalla, continúa disparando sobre los automóviles y sus ocupantes.

El personaje se basó en el caso de un tal Charles Whitman, también veterano de Vietnam, que en 1966, en Texas, había matado a esposa y madre antes de subirse al techo de la Universidad y disparar sobre toda persona que pasaba por el campus. Después de los asesinatos de John Kennedy, de Martin Luther King y poco antes del de Bob Kennedy, el film de Bogdanovich fue distribuido en los Estados Unidos con mucha prudencia. (A la Argentina llegó sólo después del éxito de *The Last Picture Show*, 1971.) Pero el caso del *serial killer* interesa menos que el diálogo del cineasta-cinéfilo, en su primer film, con el cine clásico que admira y lo formó.

En el *drive-in* está Boris Karloff, actor dramático a quien el papel del monstruo en *Frankenstein* (James Whale, 1931) marcó definitivamente confinándolo al género de horror. *Targets* sería su despedida del cine. Bogdanovich aparece en el film como el cinéfilo entusiasta que lo entrevista sobre su último papel "serio", el que hizo en *The Criminal Code* (1931), dirigido por el cineasta modelo del debutante: Howard Hawks. En el juego de deslizamientos entre persona y personaje, Bogdanovich se presenta, bajo otro nombre, como crítico e historiador; Karloff no se interpreta a sí mismo, pero su personaje alude desde el nombre, Byron Orlok, a un romanticismo degradado, de castillos brumosos, aparecidos, candelabros y terciopelo rojo, una de cuyas muestras más baratas exhibe el *drive-in* la noche de la acción de *Targets*: *The Terror*, Roger Corman, 1963.

Bogdanovich construye su film articulando el terror puramente convencional de esa clase B con el terror social del *serial killer* cuya jornada culmina en el *drive-in*. Y es el envejecido actor de docenas de film de terror quien al final desarma al actor de un terror nuevo, "realista". El muchacho, maniatado al pie de la pantalla, mira el rostro vivo que tiene ante sí y el rostro gigante proyectado sobre su cabeza: son dos aspectos de la misma cara en un último diálogo mudo, que no puede comprender, entre un terror codificado, del que otros son espectadores, y éste, aun salvaje, que él ha elegido para ser protagonista.

El *drive-in* funciona en *Targets* por oposición al cine tradicional: es un espacio sin carácter, invadido por lo cotidiano en su forma más banal, la del automóvil. Cualquier film proyectado en esas condiciones perderá todo posible misterio, no podrá invitar a la ensoñación. A ese espectáculo abaratado corresponde la masacre indiscriminada, único espectáculo del que puede ser escenario digno un *drive-in*.

El refugio de Eros

"Pero están, primordialmente, los cines más que el cine, con la mortificación de la busca sexual sólida interrumpiendo el disfrute de las sombras en la pantalla."

Guillermo Cabrera Infante: *La Habana para un infante difunto*. Barcelona, Seix Barral, 1986

"J'étais allé au cinéma, dit Joseph à Suzanne. Je m'étais dit, je vais aller au cinéma pour chercher une femme."

Marguerite Duras: *Un barrage contre le Pacifique*. Paris, Gallimard, 1950

No puedo ponerle fecha a aquella tarde. Sólo sé que fue en el cine Bijou, en Buenos Aires, que estaba en Pueyrredón a pocos metros de Córdoba.

En la pantalla María Montez ejecutaba movimientos crispados y sensuales (¿acaso histéricos y mecánicos?): una danza supuestamente sagrada durante la cual señalaba entre los fieles que la rodeaban a aquellos que sus esclavos harían morder inmediatamente por las cobras que acunaban en sus brazos. De pronto vi —recorte negro, brevísima imagen a contraluz sobre los colores brillantes de la película— una mano de mujer que descargaba violentamente el peso de una cartera sobre la cabeza de su vecino.

Hoy sé que ese film se llamaba *Cobra Woman* y no era en colores. La memoria pintarrajeó con el estridente technicolor de los años 40 el modesto negro y blanco de aquella confección de clase B que —me entero con cierta satisfacción morbosa— había escrito Richard Brooks, guionista y director de films "con conciencia social", y dirigido Robert Siodmak, refugiado del Tercer Reich.

Pero la reacción violenta de aquella mujer sin rostro ante el avance (¿tímido y gradual?, ¿demasiado impetuoso?) de su vecino ha quedado indeleble, menos en la memoria que en la imaginación del niño que la vio fugazmente superpuesta a las contorsiones mortíferas de una monarca apócrifa.

La Habana, mitad de los años 40. Cines Lira, Rialto, Alkazar, Radiocine, Encanto, Universal, Payret, Niza, Lara, Plaza, Negrete, Fausto, Habana, Ideal, Actualidades, Campoamor, Cinecito, Rex Cinema, Duplex, Majestic, Verdun, Neptuno, Reina, Favorito, Belascoain, Astral, Infanta, Los Ángeles, Apolo, Montecarlo...

Una vez puesta en movimiento la memoria de Guillermo Cabrera Infante, se desencadena un aluvión de nombres de salas de diversa condición y variable respetabilidad donde, adolescente y joven adulto, conoció primero el asedio de una matrona ansiosa por aplacar su libido extradoméstica en las insospechables horas de una *matinée*, luego el deporte antes que la satisfacción sexual de cazar presas consintientes o elusivas. "Mi amor fugaz por las mujeres se alió a mi pasión eterna, el cine, y me hizo un cateador, un rascabucheador, un tocador de damas en los cines..."

No es particularidad hispanoamericana esa afición. En *I Vitelloni* (1953), de Fellini, el don juan provinciano, casado con la Miss Sirena de Rímini, no puede resistir a la vecindad de una mujer invitante, y abandona en el cine a su flamante esposa para perseguir a la desconocida. Menos esperada, más interesante, es la situación imaginada por Marguerite Duras en una de sus novelas tempranas: *Un barrage contre le Pacifique* (1950). En una decadente ciudad colonial, sin duda en la Indochina donde Duras pasó su infancia, un joven inexperto se excita con la vecindad de una europea madura, evidentemente rica y aburrida, a quien acompaña un marido somnoliento; ella responde a ese interés, toma la iniciativa y los tres prosiguen la velada en un *night club* donde la esposa dejará al marido ebrio a cargo del *maître* para secuestrar al joven durante siete noches en un hotel. La novela elige el punto de vista del debutante, cuya vehemencia parece la proyección del deseo de una autora madura; en la versión cinematográfica (René Clément, 1957, homónima pero también, en otras versiones, *La Diga sul Pacifico* o *This Angry Age*), el casting altera el peso de los personajes en ese episodio: es la hermosísima Alida Valli quien, sentada al lado del marido complaciente, "levanta" en un cine de Bangkok a un tímido Anthony Perkins e inicia un frágil, pedagógico *ménage à trois*.

Hollywood, 1957. Uno de los juicios, si no el juicio que liquidó la intangibilidad de *Confidential*, revistucha de escándalo que sembró terror en la industria de los años 50 hasta el punto de chantajear a los grandes estudios, fue el que se atrevió a iniciar, y finalmente ganó, Maureen O'Hara. La bellísima actriz irlandesa, cuya tez lechosa y pelo rojizo, flamígero, habían hecho preferir para los films en technicolor, pudo demostrar ante la Justicia que estaba en Inglaterra la tarde en que, según la revista, se la había visto en una de las últimas filas del Teatro Chino de Grauman en compañía de un "latino", ocupando no dos sino cinco asientos...

Próximos estrenos "PARAMOUNT" en esta sala

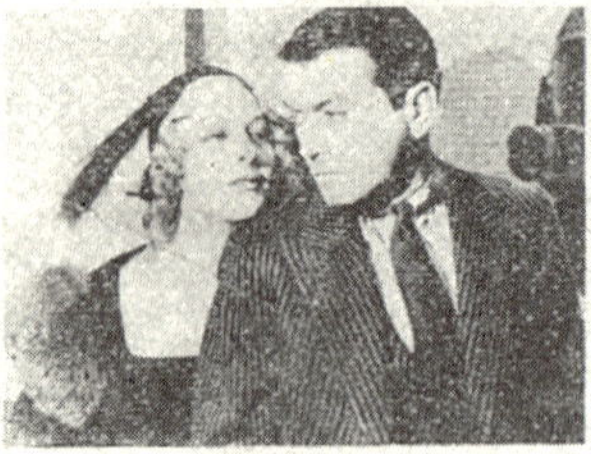

COMPAS de ESPERA

Película de acción movida, "COMPAS DE ESPERA" pertenece al género que, sin ser policial, precisamente, presenta los caracteres de misterio y sorpresa que caracterizan a aquéllas. En un teatro se desarrolla la acción; surge el contraste del éxito enorme que obtiene la revista y la condición trágica de algunos de los espectadores. Cada uno de ellos tiene su tragedia íntima, tragedia que se epiloga en venganza sangrienta y la muerte del vengador a manos de la policía. Situaciones de intenso dramatismo se suceden, provocando intensa expectativa.

Reune esta producción "Paramount" un selecto grupo de intérpretes, entre ellos RICHARD BARTHELMESS, JOE MORRISON, GERTRUDE MICHAEL, HELEN MACK, ROSCOE KARNS, RAY MILLAND y otros artistas de renombre. La dirección se debe a MITCHELL LEISEN. Las canciones a los afamados RALPH RAINGER y LEO ROBIN.

Estreno: JUEVES 15 de AGOSTO

DEDE

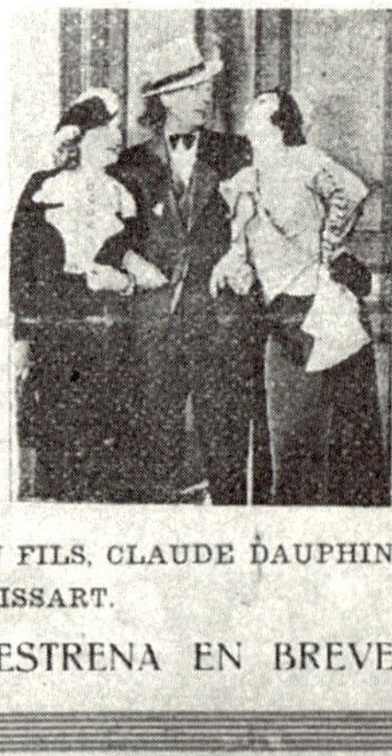

Un film "Paramount" hablado y cantado en francés, esencialmente alegre, es "DEDE". Su asunto se debe a ALBERT WILLEMETZ, uno de los más reputados autores de operetas; la música y canciones, de HENRI CHRISTINE, ofrecen bellos motivos de contagiosa alegría. ALBERT PREJEAN, MIREILLE PERREY y DANIELLE DARRIEUX desempeñan los principales papeles, eficazmente secundados por BARON FILS, CLAUDE DAUPHIN y BERGERON. La dirección se debe a RENE GUISSART.

SE ESTRENA EN BREVE

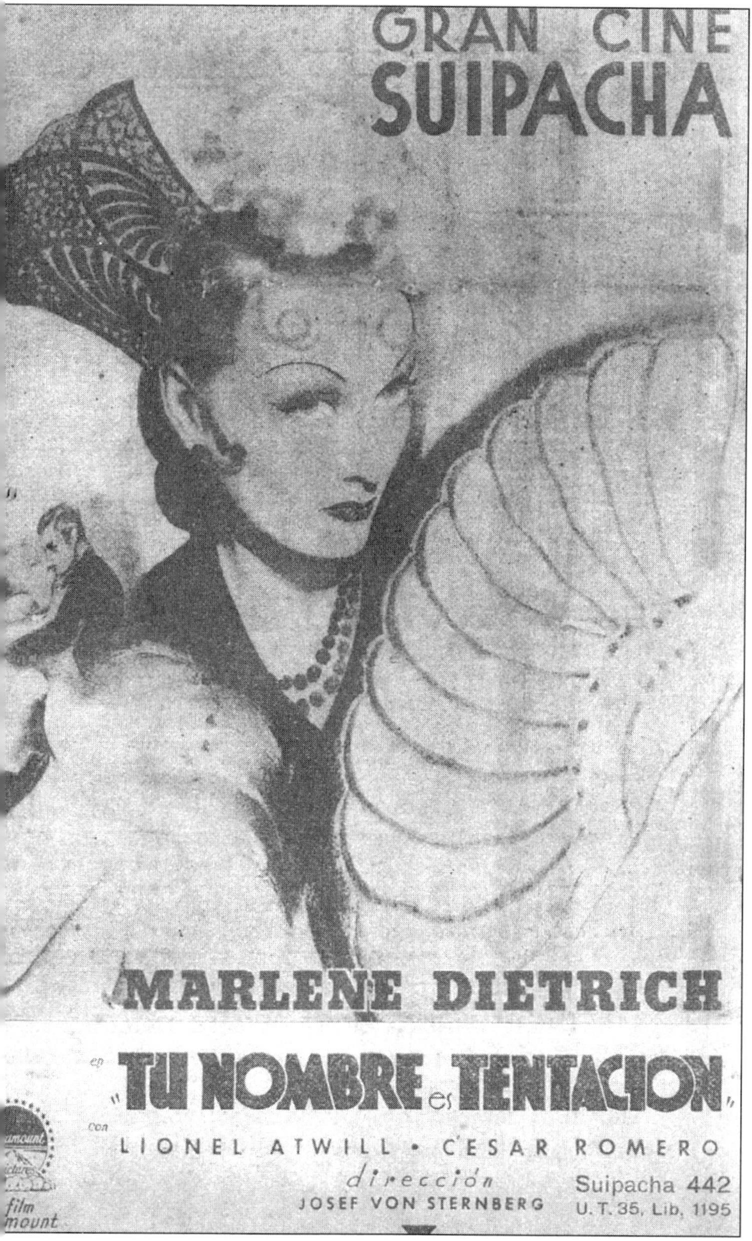
GRAN CINE
SUIPACHA
MARLENE DIETRICH
en
"TU NOMBRE es TENTACION"
con
LIONEL ATWILL • CESAR ROMERO
dirección
JOSEF VON STERNBERG
Suipacha 442
U. T. 35, Lib. 1195

Recuerdo los cines "de mala fama" de la primera mitad de los años 50 en Buenos Aires, salas tan sucias como la condena moral y la retaceada tolerancia concedidas a sus espectáculos. Los adolescentes y los ancianos, los tímidos y los enfermos, podían atisbar en sus pantallas parpadeantes un pezón, o entrever una silueta femenina sin ropas, lejos, en medio de una naturaleza que se quería redentora. Uno era el Cinelandia, que estaba en Corrientes casi esquina Callao, y no siempre practicaba ese tipo de programación; otro el Alvear, luego Radar, en Esmeralda a pocos metros de Sarmiento, en diagonal con el (involuntaria ironía) Instituto de Lenguas Vivas.

Pero el más sugerente para quienes no podíamos entrar en él era el teatro Florida, en el subsuelo de la Galería Güemes, en ciertos momentos de su historia cine "para hombres solos", en otros teatro de revistas "osadas". El Florida se beneficiaba con el prestigio de la inmencionable galería:

aun quienes por razones de edad ignorábamos que sus pisos superiores habían albergado las *garçonnières* de muchos niños bien, y que en una de ellas se habían tomado las fotografías extorsivas ventiladas por el "escándalo de los cadetes", percibíamos algo excitante, prohibido en sus pasillos decaídos, coronados por el más suntuoso art-nouveau argentino. El teatro mismo, hoy restaurado y convertido en centro cultural dedicado a Astor Piazzolla, sugiere por sus reducidas dimensiones y exceso ornamental un logrado compromiso entre el teatro lírico de alguna corte europea y un escenario de cabaret prostibulario.

El niño no autorizado a ingresar en aquellos cines imaginaba mucho más de lo que la pantalla le hubiese podido revelar. Un memorioso, apenas adulto en aquella época, hoy le cuenta que vio en el Florida de la Galería Güemes un cortometraje titulado *La fuente de Aretusa*, de origen y fecha de realización indescifrables, donde una bailarina se agitaba al ritmo de la homónima partitura para violín y piano de Szymanowski. El film, sin duda, debió ser uno de tantos esfuerzos culturales europeos de principios del cine sonoro; si había encallado tardíamente en esa sala y esa programación se debía a que algún movimiento de la solista permitía entrever sus pezones, epifanía celebrada por el público con rugidos.

Engolosinado ante los afiches de *Cómo se bañan las damas, Vírgenes de Bali, Cómo se nace y cómo se muere*, aquel niño no sospechaba que la mirada etnográfica era una simple coartada para exhibir indígenas sonrientes, danzantes, semidesnudas, y que la profilaxis encubría con sus tétricas amenazas las efusiones sumarias, escamoteadas por el montaje, de parejas anónimas irremediablemente desprovistas de cualquier indicio de *star quality*.

Pocos años más tarde se enteraría de que en la oscuridad cómplice de otros cines, cuyas pantallas albergaban noticieros, dibujos animados y *travelogues*, ocurrían acoplamientos heterodoxos, furtivos pero más explícitos que cualquier imagen de aquellos films que le estaban vedados. Cabrera Infante recuerda su sorpresa, su miedo ante el acoso de un chino sonriente que, sentado en la fila delantera, se inclinaba diligente sobre la bragueta del jovencito sentado detrás de él en el cine Lara de La Habana.

"Hoy sábado a las once de la noche
tú, mi ternura,
tu mea cura
nuevamente iluminas lo deciduo
cuando me miras en los vacuos antros
de la íntima, analgésica cinematografía."

J. R. Wilcock: Nocturno, de "Epitalamio", *Sexto*, 1953

En Buenos Aires no eran sólo los cines de cortos y noticieros, el Novedades, el Real, el Mundial, sino también otras salas que cambiaban de programa todos los días, y cuya platea mayoritariamente masculina entraba y salía en cualquier momento del film y cambiaba regularmente de lugar. El Rotary y el Avenida (hoy desaparecidos), el Eclair (transformado en sala supuestamente "de arte", con pésima proyección y peor sonido) y el Princesa (hoy ocupado por una agencia que levanta apuestas turfísticas) tenían cada uno su estilo y su público, pero más de un joven cinéfilo descubrió en ellas algunas emociones baratas, *cheap thrills* sin relación con el western de Budd Boetticher que le habían recomendado los *Cahiers du Cinéma.*

Una humanidad menos sórdida que aparentemente marcada por algún infortunio irredimible circulaba sin reposo entre las últimas filas de esas plateas, ignorando sin duda el destino de eterno deambular que Dante impuso a aquellos inquilinos del séptimo círculo de su Inferno que habían hecho violencia a la naturaleza...

En el Eclair, por ejemplo, los acomodadores avanzaban dirigiendo firmemente hacia el piso el círculo luminoso proyectado por su linterna, sin duda por miedo de revelar, si lo levantasen aun brevemente, alguna actividad privada en ese lugar público. La programación, errática, alimentada a bajo costo con copias de compañías distribuidoras desaparecidas o en vías de liquidación, deparaba sorpresas extraordinarias, como algún film alemán de tiempos del Tercer Reich, que llegaba con el noticiero UFA de la semana pegado al primer rollo. El espectador, por más adormecido o interesado en su vecino que estuviese, no podía sino reaccionar, ya con incredulidad, ya con indignación, cuando veía, a principios de los años 60, a los soldados de la Wehrmacht, en licencia del frente Este, recibidos en un festival de Bayreuth por Adolf Hitler al lado de Winifred Wagner.

Uno de los rasgos simpáticos del Eclair era que dejaba entrar sin pagar a los conscriptos de uniforme. Sin duda una política comercial astuta inspiraba esa aparente generosidad: el prestigio del uniforme de soldado atraía a numerosos espectadores devotos de la virilidad ajena. Más de un súbdito del servicio militar obligatorio descubrió, y exploró, facetas desconocidas de su sexualidad en aquella sala, en aquellos tiempos...

Eran, es obvio, tiempos anteriores a la libertad de costumbres que, con diversos matices, se ha abierto camino en la mayor parte del mundo. (Hoy, el cine porno, cuya sala entera es una suerte de amplio *back room*, ha hecho innecesarios disimulos y prudencias y ha visto surgir sus propios personajes pintorescos, como el que dio título a la novela por entregas de Pablo Pérez *El mendigo chupapijas*. Ningún film argentino había explorado ese territorio de sexo ocasional, generalmente sin alegría, hasta que Wong Kar Wai lo presentó en *Happy Together*, 1997, donde la mirada ajena descubre lugares y figuras de un Buenos Aires inédito para el cine argentino.)

El vetusto cine "de yiro" no fue un fenómeno exclusivo de Buenos Aires. En *Roma,* de Fellini, aparece un vasto hangar, cine de periferia completo con su "número vivo"[1]. Mientras en la escena se agita ese *avanspettacolo,* desvencijado varieté, tolerado o insultado por el público, en la sala el deseo clandestino y la delincuencia conviven en silencioso asentimiento. Ocasionalmente un pedido de auxilio llega desde los baños y, aun cuando logra imponerse a la banda sonora del film proyectado, no despierta mayor inquietud en

[1] El "número vivo", impuesto en la Argentina por el primer peronismo, fue refugio de artistas de varieté, en su mayoría desocupados o en franca decadencia. Duraba entre diez y quince minutos y su calidad variaba según el nivel al que aspiraba el cine. En el Ópera, por ejemplo, solía oficiar Charles Wilson, organista vestido de centelleante esmoquin cuyos arreglos evocaban los de Ethel Smith en las comedias MGM. En los cines de barrio más humildes podía encontrarse al mago cuyo conejo rehusaba salir de la galera, al conjunto flamenco cuyo zapateo desfondaba un envejecido escenario. Los cinéfilos, aun precoces, solían esperar en el hall, con expresiones desdeñosas, que concluyese esa violación del espacio cinematográfico; muchos de ellos hoy lamentan haberse privado de algunos shows irrepetibles. Jorge Andrés, temprano *amateur éclairé* de esos limbos del espectáculo, recuerda a la virtuosa arpista Marina Valiente, cuya interpretación de "Pájaro campana" enardecía al público poco sensible de salas dedicadas a dobles programas "de acción y suspenso", cruzando a las once de la noche la calle Lavalle entre los cines Electric y Select Lavalle, con vaporoso vestido largo y abrazada a su arpa paraguaya.

la platea. Del otro lado del Mediterráneo, en Alejandría, una sala idéntica aparece en *Mercedes,* de Youri Nasrelah: las mismas miradas huidizas o desafiantes, los mismos baños superpoblados de jóvenes al acecho. En *Nitrato d'argento* (Marco Ferreri, 1996), donde los palcos de un cine cobijan variadas prácticas grupales, el episodio más desarrollado es el de un grupo de homosexuales que conmina a un *taxi boy* a no volver a pisar el cine: el comercio sexual amenaza con ahuyentar al público no venal buscado por ellos.

Algunas figuras del equivalente submundo porteño sobreviven en el folclore de transmisión oral, acaso por lo bizarro: en el Avenida, cierto mulato uruguayo de escasa estatura, protegido por la oscuridad mimética de su tez y por su mismo tamaño diminuto, que le permitían actuar, con una mera flexión de rodillas, sobre las braguetas de espectadores complacientes. Según las referencias literarias de éstos, se lo conocía como "la noche oscura del alma" o "*the black hole of Calcutta*". Otro: en el Rotary, la "Condesa Halsey", vendedor de la tienda homónima, a quien una cirugía primitiva, módica, lo había dejado casi privado de nariz; con remilgos que debía considerar propios de salones elegantes, ejecutaba tareas manuales con la punta de los dedos; acaso pensase que la franqueza de una mano que aprieta fuera marca de grosería. O el Chino del Espanto, fornido tucumano que, apenas instalado en una butaca del Princesa, desplegaba sus dotes naturales a la espera del incauto que pretendiera apreciarlas; en el momento del contacto, aferraba con su manaza el brazo generalmente débil de un anciano y le exigía la billetera bajo amenaza de denunciarlo por "amoral", "degenerado", autor de "actos indecentes en público", figuras menos legales que periodísticas, pero suficientes para infundir terror en aquellos años de represión sexual institucionalizada.

Porque nada de esto se entiende fuera de la asfixia de una policía de costumbres ávida de castigar entre plebeyos lo que prefería ignorar entre notables, hasta el momento en que un desenlace criminal quebraba el silencio. En la crónica policial aparecían con frecuencia el noble inglés extorsionado por el soldado de la guardia real con quien había entablado conversación en un pub; el estanciero argentino mutilado y apuñalado, descubierto en un placard de su *garçonnière* cuando el olor alarmó a los vecinos; el actor de Hollywood colgado de una viga de su residencia del más puro Tudor californiano, desnudo excepto por medias de seda negra sostenidas con portaligas.

Había, sin duda sigue habiendo, lejos de los rituales del masoquismo académico, aficionados al mero peligro, a la adrenalina fácil de un contacto incierto. Que alguna promiscuidad banal iniciada frente a una pantalla pueda conocer un desenlace definitivo me llena de ese temor reverente que suscitan las catástrofes de la naturaleza y las peripecias de la tragedia. Me pregunto bajo la advocación de qué film se acercaron las rodillas, se rozaron las manos, antes de pasar a un contacto más franco, el que paso a paso conduciría, ya fuera del cine, a la efusión letal.

¿*Museo de cera* predispone al crimen más que *Marabunta*?

"No se ignoran, entrando en mi vestíbulo,
la vecindad del río y del prostíbulo."

Silvina Ocampo: "Inscripción para un cinematógrafo suburbano", *Enumeración de la patria*, 1942

En Rosario, en tiempos de la legendaria prosperidad de la "Chicago argentina", y de la consiguiente prostitución organizada para servirla, los palcos con postigos y persianas del teatro, luego cine Alcázar, albergaban a aquellas desdichadas que ya no podían exhibirse en los establecimientos de la calle Pichincha. Protegidas por las sombras vacilantes y la luz mortecina que emanaban de la pantalla, servían con aplicación a clientes poco exigentes, a quienes no desanimaba la cicatriz del rostro, marca de una huida descubierta y frustrada, ni la disimulada escupida con sangre, ni el chancro tenaz.

En el grácil volumen de *Memorias*[2] que redactó cerca del final de su vida, Adolfo Bioy Casares recuerda el cine Myriam, de la calle Suipacha, donde muchas aficionadas ejercían el oficio y

---

[2] Barcelona, Tusquets, 1994.

corrían espantadas por los pasillos cuando se presentaba sin aviso la policía. No he logrado hallarlo en las carteleras de los diarios. Se me ocurre que su programa debió ser tan aleatorio (y poco importante para los espectadores) como, muchos años más tarde, el de otro cine ausente de las carteleras: el Armonía, en la avenida Rivadavia, cerca del Once, refugio de cinéfilos que en él hallaban copias destrozadas, meros restos de films inhallables, que otros cines hubiesen rehusado programar.

El autor de este libro descubrió en el Armonía *Beyond A Reasonable Doubt* ("Más allá de la duda"), de Fritz Lang, años después de su estreno, con poco más de 50 minutos de duración, resto de los 80 originales. Estas exhumaciones eran celebradas como un arqueólogo puede celebrar el desentierro del asa de un ánfora etrusca. Sin duda algunos de esos fieles ignoraban que la sala era también hogar transitorio de soldados y sirvientas recién llegados a la capital, sumidos en el letargo de una siesta apenas interrumpida por las atenciones de vecinos diligentes.

En Madrid, el cine Carretas, en la calle de Carretas, frente al Departamento Central de Policía, fue durante décadas refugio de una marginalidad castiza que en tiempos de Franco se prefería confinar a un coto guardado antes que dejar suelta, visible por las calles, con probable riesgo de contaminación para las costumbres. El Carretas sobrevivió al "destape" para extinguirse gradualmente con el siglo. En sus últimos años, un público tan raído como las butacas y desteñido como las paredes solía ejercer las escasas variaciones de su oficio tanto en la sala como en el ancho pasillo que la rodeaba, allí donde las puertas de los baños permitían entrever a algún empleado público que desenvolvía un mantón de Manila y lo probaba con mohínes ante el espejo, a alguna anciana que exhibía su boca desdentada para anunciar las acariciantes ventajas de esa condición. La frase "¿Deja algo?" recorría en un murmullo toda la sala y se imponía a los fatigados parlantes, desde los cuales una voz anónima quería hacer creer que John Wayne decía: "Se te ve muy maja..."

Nada más distante del esperpento madrileño que un minúsculo cine cuyo nombre he olvidado, vecino a la estación de tranvías de Alcantara, en las afueras de Lisboa, camino a Belém. Sus programas habituales frecuentaban ese género legendario, épico y coreográfico a la vez, cultivado en los estudios de Bombay; la banda sonora estaba doblada al árabe, ya que eran, acaso siguen siendo, films popularísimos en Oriente Medio, sobre todo entre el público egipcio; los subtítulos en portugués, lejos de disipar tanto exotismo, lo enriquecían al aportar una napa suplementaria de distancia cultural. Una tarde de 1982, un jadeo apenas creciente me distrajo del film proyectado. A varios asientos de distancia, en la misma fila donde yo estaba sentado, un obeso cincuentón, sin vecinos, se estaba masturbando con desgano, sus ojos entrecerrados fijos en la pantalla donde una princesa canora y cautiva era rescatada por un ejército de monos.

Acaso sea Rio de Janeiro la ciudad que puede jactarse de haber tenido el cine más animado: el Iris, rua da Carioca, en pleno centro de la ciudad, dedicado hoy a una pornografía industrial, hace tres décadas a las artes marciales. En el piso superior, hoy clausurado, funcionaba un baño donde travestis abandonaban las prendas de la vida diurna, disfraz normalizador, identidad legal, para emerger en un susurro de plumas y strass, y atacar el campo de batalla de la sala oscura. En alguna ocasión, mientras en el intervalo los parlantes difundían *Carmina Burana*, varios de ellos se treparon el escenario y realizaron un *strip tease* no programado. Los empleados del cine lavaban ese baño-camarín a chorros de manguera, como un establo, sin pasar de la puerta.

Lejos, muy lejos de la expansión carioca, en Taipei, una noche lluviosa hombres silenciosos, de expresión ausente, buscan como sonámbulos una fugaz satisfacción en los baños, pasillos y depósitos de un cine en vísperas de demolición, odisea lánguida, penumbrosa, muda, que contrasta con los colores vibrantes, paisajes luminosos, gestos amplios y voces estentóreas que despliega en la pantalla un clásico de las artes marciales: *Dragon Inn*, de King Hu. La "realidad" (dentro de la ficción que es el film) no es sino sombra apagada, anémica, de esa "ficción" (en segundo grado, al aparecer citada dentro de aquélla) llena de una vida ausente de la primera. Y el film que juega con ese contraste es un adiós a ese tipo de cine tanto como a los cines que lo albergaban: *Goodbye Dragon Inn*, de Tsai Ming Liang.

DOMINGO
11
DE AGOSTO DE 1935
TARDE

Gran Cin

MATINEE: Primera Parte a las 14.00

LA MUJER MODERNA
Notable film de deportes.

LOS TRES GATITOS
Graciosísimos dibujos cómicos sonoros

SEGUNDA PARTE A LAS 14.30

VARIEDADES SONORAS Y PARLANTES (ULTIMOS ESTRENOS):

1.° RITMO FEMENINO. — Hermosísima variedad musical.
2.° COSAS DE FELINOS. — Interesante film documental.
3.° UN DUELO MORROCOTUDO. — Disparate cómico de dibujos animados, por Espaghetti.
4.° SUCESOS MUNDIALES PARAMOUNT N.° 101-102. — Ultimas informaciones mundiales llegadas por avión.
5.° LOS NIÑOS EN EL ZAPATO. — Maravilloso dibujo animado, realizado TODO EN COLORES. Una verdadera joya cinematográfica.

TERCERA PARTE A LAS 15.25

GRANDIOSO ESTRENO PRIMICIA: "PARAMOUNT" presenta a

GEORGE RAFT, JEAN PARKER y ANNA MAY WONG en

UNA LUZ EN LA NIEBLA

(Limehouse Blues)

Limehouse, el tradicional barrio chino de Londres, con su música oriental, rara, fascinante, y sus callejuelas tortuosas, llenas de sombras fantásticas que se ciernen como una amenaza muda.

Dirigió Alexander Hall

CUARTA PARTE A LAS 16.40

EXTRAORDINARIO ESTRENO PRIMICIA: "PARAMOUNT" presenta a

MARLENE DIETRICH en

TU NOMBRE ES TENTACION

Con: CESAR ROMERO, LIONEL ATWILL y EDWARD E. HORTON

Dirigida por JOSEF VON STERNBERG

FIN DE LA MATINEE

MATINEE: Platea $ 2.00 - Platea Balcón $ 1.50

Los días de estreno, Sábados y Domingos, ‹
esta sala será perfumada con el perfume

Suipacha

DIRECCION:
M. GARABATOS

U. T. 35, LIBERTAD 1195

GRAN SECCION SELECTA a las 18.00

VARIEDADES SONORAS Y PARLANTES (ULTIMOS ESTRENOS):

1.º LOS TRES GATITOS. — Graciosísimos dibujos cómicos sonoros.
2.º COSAS DE FELINOS. — Interesante film documental.
3.º UN DUELO MORROCOTUDO. — Disparate cómico de dibujos animados por Espaghetti.
4.º SUCESOS MUNDIALES PARAMOUNT N.º 101-102. — Ultimas informaciones mundiales llegadas por avión.
5.º LOS NIÑOS EN EL ZAPATO. — Maravilloso dibujo animado, realizado todo en COLORES. Una verdadera joya cinematográfica.

CONTINUACION de la SECCION SELECTA a las 18.55

EXTRAORDINARIO ESTRENO. PRIMICIA EXCLUSIVA:
"PARAMOUNT" presenta a la inimitable estrella

MARLENE DIETRICH en

Tu Nombre es Tentación

(THE DEVIL IS A WOMAN) (25.ª Exhibición)

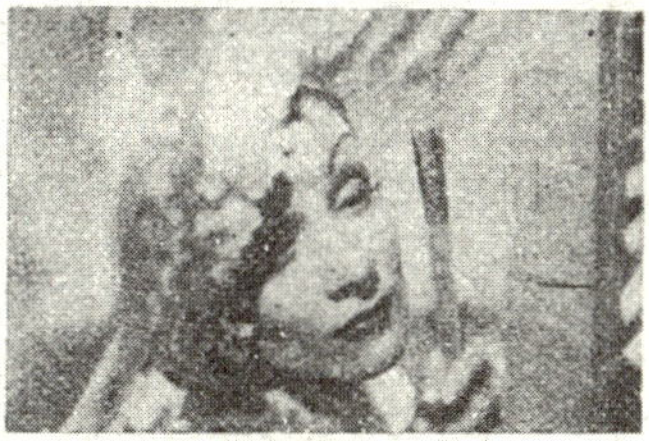

¡Verla es amarla! Todos saben que lleva a la ruina... Pero buscan en ella su felicidad. Es la mujer cuyo hechizo encierra esa fascinación que tiene el abismo, la mujer que sólo puede interpretar.

REPARTO:

Conchita Pérez	MARLENE DIETRICH	Don Paquito	Edward E. Horton
Antonio Galván	César Romero	Señora Pérez	Alison Skipworth
Don Pascual	Lionel Atwill	Morenito	Don Alvarado

Dirigió JOSEF VON STERNBERG — Canciones de Leo Robin

SELECTA: Platea $ 2.00 - Super Pullman $ 2.20

EOPATRA" Creación Marilú

El caso de las sonrisas póstumas

"La película pasa, pero la ardiente arenilla suspendida de sus imágenes queda fijada dentro de las conciencias..."

Roberto Arlt: "El cine y estos pueblitos" (*El Mundo*, 30 de agosto de 1933), recogido en *Notas sobre el cinematógrafo*, 1997

"Pienso que la sala de un cinematógrafo es el lugar que yo elegiría para esperar el fin del mundo."

Adolfo Bioy Casares: *Memorias*, 1994

Sólo con el cuarto caso la policía empezó a interesarse por los ancianos muertos durante la noche en locales donde su presencia resultaba inexplicable.

En un primer momento el periodismo no desdeñó la ocasión de incursionar en el patetismo social: jubilados a quienes la crisis había despojado de un modesto domicilio, o gente de la calle que al llegar el invierno buscaba ilusorio abrigo bajo techo, se habrían introducido clandestinamente en esos locales, ya sea a último momento antes del cierre, o aun después, aprovechando la distracción del sereno, si no su venalidad. Una feria de antigüedades en San Telmo, un negocio de electrodomésticos en Once, un salón de juegos electrónicos interactivos en Villa Urquiza... nada, ni los horarios ni las actividades de esos locales permitían suponer un propósito delictivo por parte de los ancianos, cuyos antecedentes en poder de la policía excluían la probabilidad de un crimen de índole sexual.

Pero un cuarto caso vino a modificar esa percepción. La víctima fue un señor de (lo que en otros tiempos se llamaba) "posición acomodada", dueño de un piso frente a la plaza Barrientos. Su cuerpo había sido descubierto en una playa de estacionamiento en Corrientes al 1300 que, aunque abierta toda la noche, veía disminuir radicalmente el movimiento de automóviles entre las 2 y las 8 de la mañana. Alrededor de las 7, el encargado de regar el piso de cemento retrocedió al advertir que el chorro de su manguera había empapado el cuerpo inerte de "un hombre mayor, muy bien vestido", que parecía haber caído contra uno de los automóviles estacionados en la parte posterior de la playa; al acercársele, pudo comprobar que no se trataba, como en un primer momento había supuesto, de un borracho: ese cuerpo no respiraba y la sonrisa que parecía invadirle la cara no se modificó al recibir la descarga de agua.

Fue esa sonrisa, ya mencionada en las actas de los casos anteriores, lo que empezó por intrigar al comisario Balcarce. Aunque el rigor mortis la había cristalizado en mueca, persistía algo indefinible, algo que daba al rostro inerte una expresión de felicidad. El primer muerto había sido un empleado de correos recientemente jubilado, que redondeaba sus difíciles fines de mes llevando una contabilidad complaciente para la pizzería donde almorzaba. La ropa gastada, sin rastro de pretérita calidad, una úlcera, varias facturas impagas de servicios públicos halladas en su "dos ambientes" de la calle Cochabamba, habían compuesto para los investigadores un cuadro de pauperización nada infrecuente. Soltero apocado, no se le conocían visitas y, según el portero, solía pasar las veladas ante la televisión. Gracias a un certificado, por otra parte verosímil, que declaraba como causa de defunción un paro cardíaco, el caso fue rápidamente archivado.

El segundo era un viudo que sus vecinos, unánimes, describieron como inconsolable. Algunos parientes, aparecidos para husmear si podían reclamar algo heredable, no aportaron ninguna precisión de carácter: hacía años que no veían al difunto, alguno hasta ignoraba que había quedado viudo. Al comisario Balcarce se le iba a ocurrir más tarde que debió haber tomado en cuenta las colecciones de *Cine mundial* y *Cinelandia* apiladas en un placard: el papel satinado ocasionalmente pegoteado por la humedad, los números ordenados en cuidada cronología. En un primer momento parecía tratarse de una vida tan vacía, y sin duda lo era, que lo único que los pocos testigos pudieron confirmar fue la dolorida viudez.

El tercero, en cambio, era un personaje más colorido: no se le conocía ocupación ni fuente de ingresos fuera de una modesta pensión, y había sido señalado varias veces, en diferentes bingos de la Capital y de Mar del Plata, como aficionado a pellizcar los muslos de señoras maduras, sobre todo opulentas. En el bingo Congreso el personal lo conocía como "el doctor Carcajada". Solía concurrir casi cotidianamente y se retiraba poco después de medianoche con una frase enigmática ("Los dejo, me espera una cita impostergable"), cuya posible jactancia era rápidamente cuestionada por él mismo con su habitual risa estentórea. Esta costumbre, para algunos un tic, fue asociada por la policía con la amplia sonrisa que decoraba la cara del cadáver, encontrado al mediodía por el empleado a cargo de abrir, limpiar sumariamente y poner en funcionamiento los juegos de guerra y destrucción nuclear del Salón Galaxia de la calle Triunvirato.

A nadie se le había ocurrido observar una coincidencia entre estos casos, hasta que el cuarto hallazgo los puso en perspectiva.

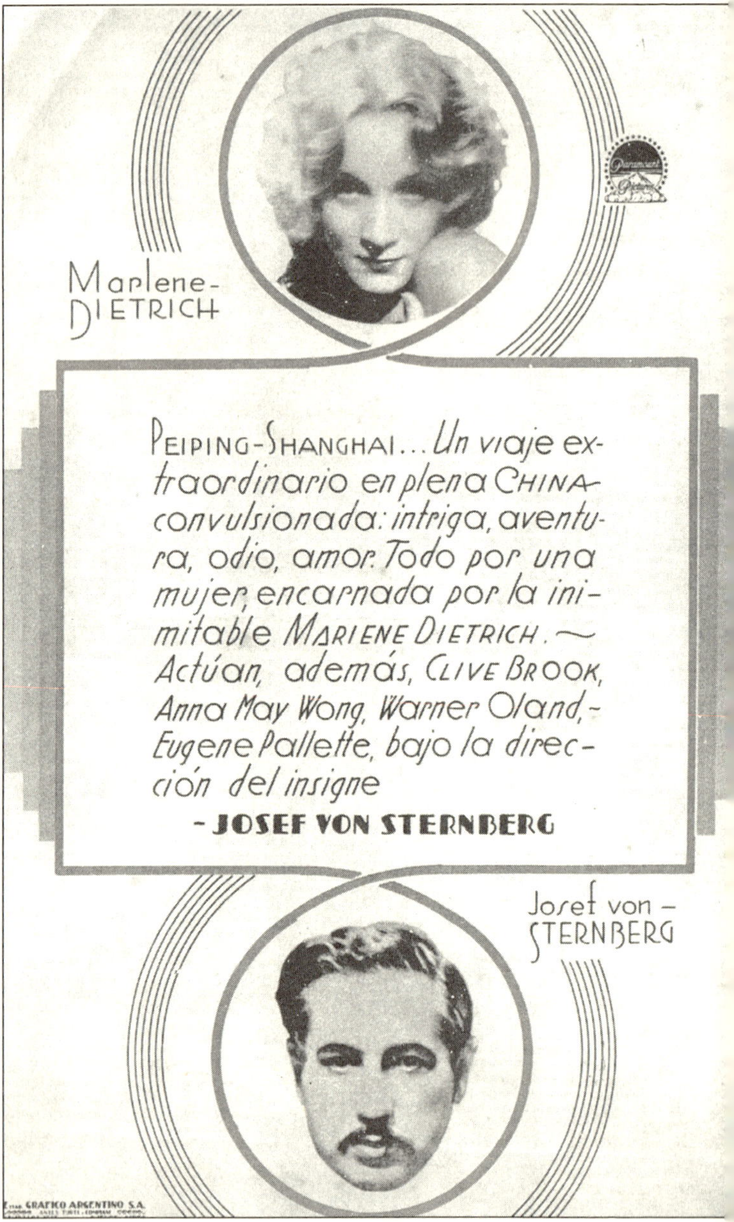
Marlene-
DIETRICH
Peiping-Shanghai... Un viaje extraordinario en plena China convulsionada: intriga, aventura, odio, amor. Todo por una mujer, encarnada por la inimitable Marlene Dietrich. — Actúan, además, Clive Brook, Anna May Wong, Warner Oland, Eugene Pallette, bajo la dirección del insigne
- JOSEF VON STERNBERG
Josef von-
STERNBERG
GRAFICO ARGENTINO S.A.

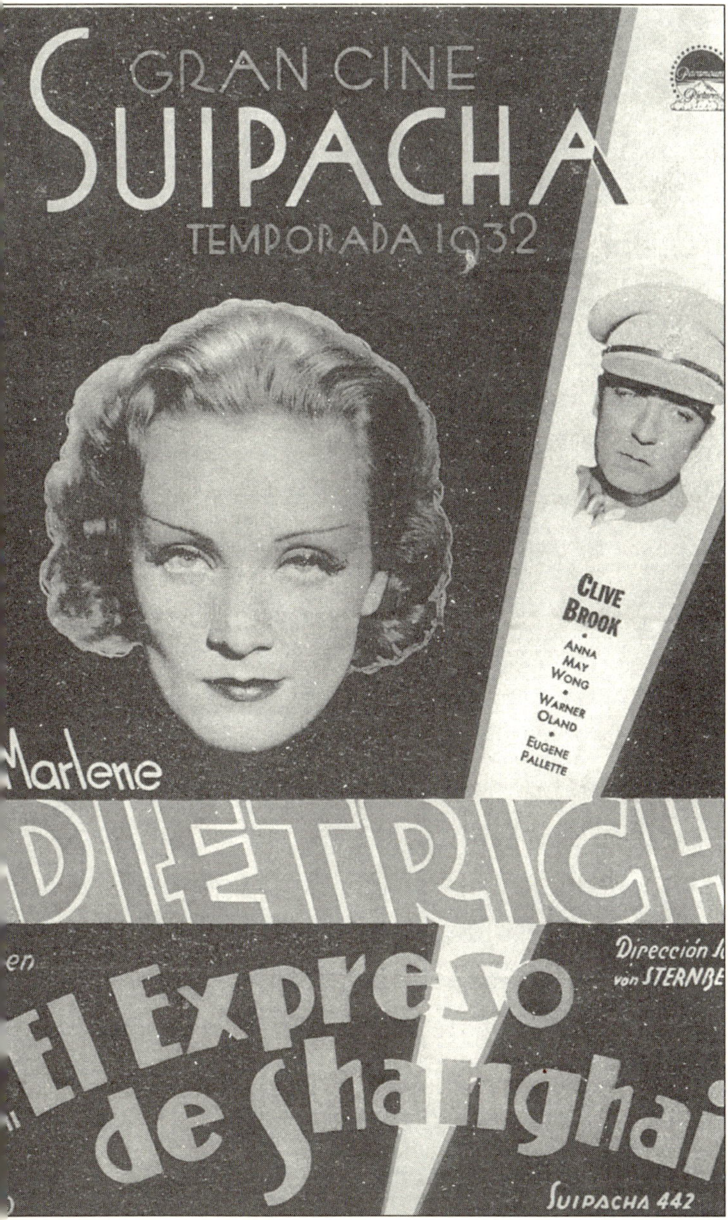
GRAN CINE
SUIPACHA
TEMPORADA 1932
CLIVE BROOK
ANNA MAY WONG
WARNER OLAND
EUGENE PALLETTE
Marlene
DIETRICH
en
Dirección
von STERNBE
"El Expreso de Shanghai"
SUIPACHA 442

El comisario Balcarce no estaba acostumbrado a recibir visitas de periodistas. Enfrentó sin sonreír a Daniel Simpson, un joven acaso no acostumbrado a entrevistar policías, que abordó incómodo las primeras preguntas.

—Ya son cuatro los ancianos que aparecen muertos en lugares donde su presencia no se justifica. ¿Hay alguna hipótesis sobre esta serie de coincidencias?

—Ninguna. La casualidad existe. Las coincidencias suelen ser sólo eso: casualidades.

—Si me permite, hay una coincidencia que no se ha mencionado en los diarios y me parece, por lo menos, interesante.

Simpson hizo una pausa como para preparar el impacto descontado de su revelación. Balcarce la esperó sin demostrar curiosidad.

—Todos los locales donde han aparecido muertos esos ancianos fueron en algún momento cines. Uno de ellos, la feria de antigüedades de la calle

Defensa, conserva en su exterior las letras metálicas con el nombre que tuvo cuando cine: Cecil. Y en el interior, en la pared del fondo, quedó marcado el rectángulo que ocupaba la pantalla.

Es difícil precisar el momento en que surge la amistad entre dos hombres. Suele tomar forma durante una tarea común, a menudo en el deporte o en la guerra. Durante aquella entrevista, Balcarce se había sentido dominado por la desconfianza, mientras Simpson procuraba vencer su timidez exagerando audacia, aun soberbia. Sin embargo, mientras escuchaba al joven, el comisario sintió que algo, hasta ese momento indefinido en su mente, se iba convirtiendo en evidencia; el periodista advirtió el impacto, aún disimulado, de sus propias palabras, y empezó a sentirse como un personaje de algún viejo film norteamericano visto en la televisión. (Meses más tarde iban a recordar ese momento, iban a reírse de las fachadas más o menos convincentes que habían enfrentado al interlocutor.)

Tres días después, Balcarce y Simpson visitaban los escenarios de los cuatro casos. En efecto, la pantalla, o el rectángulo blanco que había ocupado, todavía era visible en la pared posterior de la feria de antigüedades de la calle Defensa.

(“Trastos viejos” iba a precisar el periodista, como para lucir algún conocimiento del tema, mientras examinaba sumariamente muñecas rotas, juegos de té incompletos, colecciones de revistas difuntas.) Lo que había sido un piso alto del cine, lo que en tiempos pasados se llamaba el “pullman” (y en los pocos cines sobrevivientes ha sido aislado para transformarlo en una sala de pequeña capacidad), permanecía desocupado. Desde ese balcón privilegiado los dos hombres contemplaron brevemente el deambular sonámbulo de los curiosos que circulaban entre lámparas, muebles y pilas de papel impreso, un *bric-à-brac* que a Balcarce le pareció asfixiante y a Simpson sin interés.

—Fue aquí donde se encontró el cuerpo —informó el comisario, en un súbito arranque de confianza—. Estaba en el piso, pegado a la baranda. Como si hubiese estado apoyado en ella, mirando hacia abajo.

El “imperio del electrodoméstico”, en cambio, ocupaba un local más pequeño, que había sido un modesto cine de barrio a dos pasos de una esquina abrumada por un tráfico ensordecedor. Balcarce y Simpson sortearon la solicitud de los empleados que se empeñaban en prestarles ayuda y avanzaron por un laberinto de heladeras, equipos de refrigeración o calefacción, aspiradoras y otros íconos de la vida hogareña, para dirigirse hacia el fondo del local, donde un alto semicírculo de madera pintada denunciaba que alguna vez allí hubo un escenario. Donde hubiese debido estar la pantalla habían colgado un enorme aviso que invitaba a aprovechar los saldos del mes.

—El viudo vivía a dos cuadras de aquí —murmuró Balcarce, como si hablase consigo mismo—. Podemos suponer que conocía al sereno, que éste le permitía entrar después de la hora de cierre. ¿Para qué? La pregunta sigue siendo la misma y para ella no tenemos respuesta.

Simpson no respondió. Minutos más tarde, en el taxi que los llevaba a Villa Urquiza, acotó:

—Creo que no hay que buscar respuestas. Hay que indagar en la pregunta.

El guardián del Salón Galaxia resultó inesperadamente locuaz.

—Cómo no lo voy a recordar... Su risa era más fuerte que el ruido de las máquinas. Llegaba después de medianoche, a eso de la una, y se quedaba a charlar conmigo mientras yo cerraba. "Usted es demasiado joven para acordarse", me decía, "pero yo venía aquí cuando esto era un cine, me hacía la rabona y todas las tardes me veía tres películas. Sí, tres, eran programas triples, que a la tarde empezaban a eso de las 2 o 2 y media y a la noche a las 7 y media o a las 8. Cuando volvía a casa, les decía a mis padres que al salir del colegio había ido a jugar al fútbol..." Podía ponerse aburrido cuando empezaba a mencionar títulos o a contarme películas que para él eran algo especial porque "no pasan por televisión, ni van a pasar". Qué quiere que le diga, un personaje... A veces me daba una mano con el cierre. Yo le enseñé la entrada mal clausurada que comunica con el baño de la pizzería. Puede haberla usado para volver después que nos despedíamos en la calle, no sé. Pero para qué. Venía siempre solo, nunca hablaba de mujeres, y tampoco le noté nada raro, usted me entiende...

—Todos los muertos eran hombres mayores, solitarios —observaba Simpson media hora más tarde, ante un café, en la esquina de la avenida Los Incas—. Me parece que no hay que buscar por el lado de lo sexual: supongo que a esa edad el sexo debe ser a lo sumo una forma de nostalgia. Estos viejos estaban condenados a la fantasía, a lo imaginario. Al cine...

Balcarce lo escuchaba, atento y desconfiado. Las palabras de Simpson eran no sólo las de un periodista, especie enemiga por excelencia, sino las de un estudiante universitario: alguien capaz de cortar un pelo en cuatro, de explicar cualquier partícula de la realidad mediante razones y asociaciones que a Balcarce le parecían rebuscadas, pero al mismo tiempo —y era esto lo más incómodo— se iban revelando atendibles, aun evidentes, y él no había sabido ver.

—Quizás estos hombres —prosiguió el periodista, satisfecho ante el silencio atento del policía— buscaban en esos lugares el cine que alguna vez conocieron. Acaso querían dejarse llevar por sus recuerdos, recuperar alguna experiencia tan importante como para hacerlos salir de su casa y desafiar la intemperie, la posibilidad de un asalto o simplemente a los jóvenes, los únicos que andan por la calle después de medianoche...

—¿Para cuándo su novela? —preguntó Balcarse, moderando con una sonrisa la sorna de su réplica—. Me gustaría creerle, embarcarme en esa historia... No encuentro en mi trabajo diario mucha ocasión de fantasear.

—No escribo novelas —murmuró Simpson, con un dejo de melancolía—. Por ahora... Pero le regalo un capítulo más: el cuarto caso, el señor de la plaza Barrientos. El portero me dejó visitar el departamento. Entre tanta platería criolla y algunos dibujos de Norah Borges y Basaldúa había algo insólito. Un afiche de cine: el de *Un verano con Mónica*, una vieja película sueca de Bergman, que en su momento pareció audaz. ¿Sabe dónde se estrenó? En el cine Libertador, hoy desaparecido. Estaba en Corrientes al 1300. Fue demolido, no hace tantos años, y nada se construyó en el terreno. Hoy es una playa de estacionamiento. En ella se encontró al cuarto muerto, con la cara iluminada por una sonrisa final.

Balcarce tomaba nota de todo lo que Simpson decía en cada encuentro: abreviaturas, nombres, fechas empezaron a llenar su libreta. De noche, antes de apagar la luz, las releía, mientras a su lado ya se había echado a dormir una esposa resignada. Estaba seguro de que todo lo que sus notas sugerían era a la vez inverosímil y cierto, y no podía sino sentir aprensión ante la pista que el joven le indicaba.

El médico que practicó las autopsias iba a aportarle un dato inquietante, que el comisario no quiso comunicar inmediatamente a Simpson: los cuatro ancianos tenían la retina quemada, como si hubiese estado expuesta a una luz fortísima, cuyo origen era imposible precisar.

—No se trata de ceguera, como la que está documentada en el caso de prisioneros políticos, obligados a mantener abiertos los ojos bajo una luz literalmente enceguecedora. Esto es algo distinto, inexplicable. La retina ha sufrido una quemadura de cuarto grado, pero los párpados están intactos.

Balcarce se cuidó de revelar esta información cuando, pocos días más tarde, Simpson lo visitó para entregarle una lista de cines desaparecidos en Buenos Aires, sobre todo en los barrios de la ciudad.

—¿Qué quiere que haga con esto? ¿Que ponga agentes a montar guardia después de medianoche? —exclamó sin sonreír el comisario mientras hojeaba las varias páginas que el periodista había llenado con datos en apariencia exhaustivos: nombre del cine, dirección, fecha del cierre, actividad presente del local.

—Un agente no sabría qué hacer. Quiero que usted y yo nos demos una vuelta por algunos de esos cines desaparecidos. Podemos aburrirnos, o sentir que perdemos el tiempo, pero estoy seguro de que en algún momento algo pasará, o alguien llegará y sin quererlo nos dará la clave.

El aburrimiento, pensó Balcarce, era la rutina diaria en la comisaría. Lo que le proponía el periodista, por lo menos en un primer momento, podía parecerse a una aventura. Así fue como más de una noche esperaron en vano la aparición de un personaje posible para lo que Balcarce insistía en llamar la novela de Simpson. Se desanimaban, pero una nueva costumbre empezaba a instalarse en sus vidas, a prometerles algo imprevisible.

Una noche de la segunda semana de rondas, alrededor de la una, es posible que el transeúnte ocasional no prestara atención a los dos hombres que se demoraban con aplicada indiferencia en la vereda de enfrente de un templo sin denominación, reino de un pastor guitarrista y su esposa rockera, que hasta los años 70 había sido el cine Minerva de Colegiales. A esa hora ya se habían apagado las arengas y los himnos de los altoparlantes, ya se habían ido a dormir los vecinos del barrio que subían al escenario para confesar su alcoholismo, el odio que siempre habían sentido por su familia, o algún adulterio, y así ganar cinco inolvidables minutos de protagonismo. Hacía frío, Balcarce no veía ningún bar abierto que prometiese el alivio de un alcohol y al mismo tiempo se preguntaba si un joven como Simpson bebería algo más que cerveza.

En cierto momento Balcarce advirtió que un hombre se había detenido, inmóvil ante la reja metálica que protegía la entrada del templo; con un movimiento de cabeza se lo señaló a Simpson y sin una palabra cruzaron la calle. Se dieron cuenta, simultáneamente, de que no habían preparado palabras para abordar con aplomo la situación, pero antes que pudiesen improvisar el desconocido los saludó con una sonrisa.

—No los imaginaba tan jóvenes.

Balcarce y Simpson le devolvieron la sonrisa: sólo a un anciano podían no importarle los veinticinco años que separaban al comisario del periodista. El hombre acaso no tuviera más de setenta; lo avejentaban los tucanes y las palmeras estampados en la camisa y una campera de cuero con tachas metálicas. Fue el comisario quien avanzó prudentemente en el diálogo.

—No estábamos seguros de la hora.

—Es martes y el templo cierra temprano. Además, con este frío somos pocos los que nos animamos a salir —rió como si festejara su propio ánimo juvenil mientras manipulaba una llave maestra para abrir el candado que cerraba la reja. Con inesperada energía, corrió uno de sus lados lo suficiente para permitirles entrar.

Simpson, habitualmente locuaz y seguro, había enmudecido. Balcarce no le dirigió la mirada mientras seguía al desconocido. El hombre ya había guardado la llave maestra y ahora extraía del bolsillo una linterna a pilas; sus movimientos eran precisos y rápidos, parecía saber exactamente qué necesitaba y dónde encontrarlo. El comisario empezó a entrar en confianza. Improvisó sin vacilar.

—La ventaja de estos templos es que no han destruido el viejo cine: conservan las filas, los asientos, el escenario.

—Tiene razón... —el desconocido no parecía convencido del todo—. Pero la pantalla ya no vive. ¿Cuánto hace que no recibe luz, imágenes? Pero para eso estamos nosotros...

Volvió a reír mientras avanzaba por el pasillo central de la sala. El círculo de luz proyectado por la linterna iluminaba una moquette raída, que silenciaba los pasos. De algún lugar invisible les llegó un murmullo, como de arañazos rápidos, intermitentes, sobre madera.

—Ratas, siempre. Estos predicadores son mugre, créanme.

El hombre les señaló asientos separados y ocupó, una fila más adelante, el que quedaba entre ellos de modo que formaran un triángulo.

—Podemos empezar —dijo mientras apagaba la linterna.

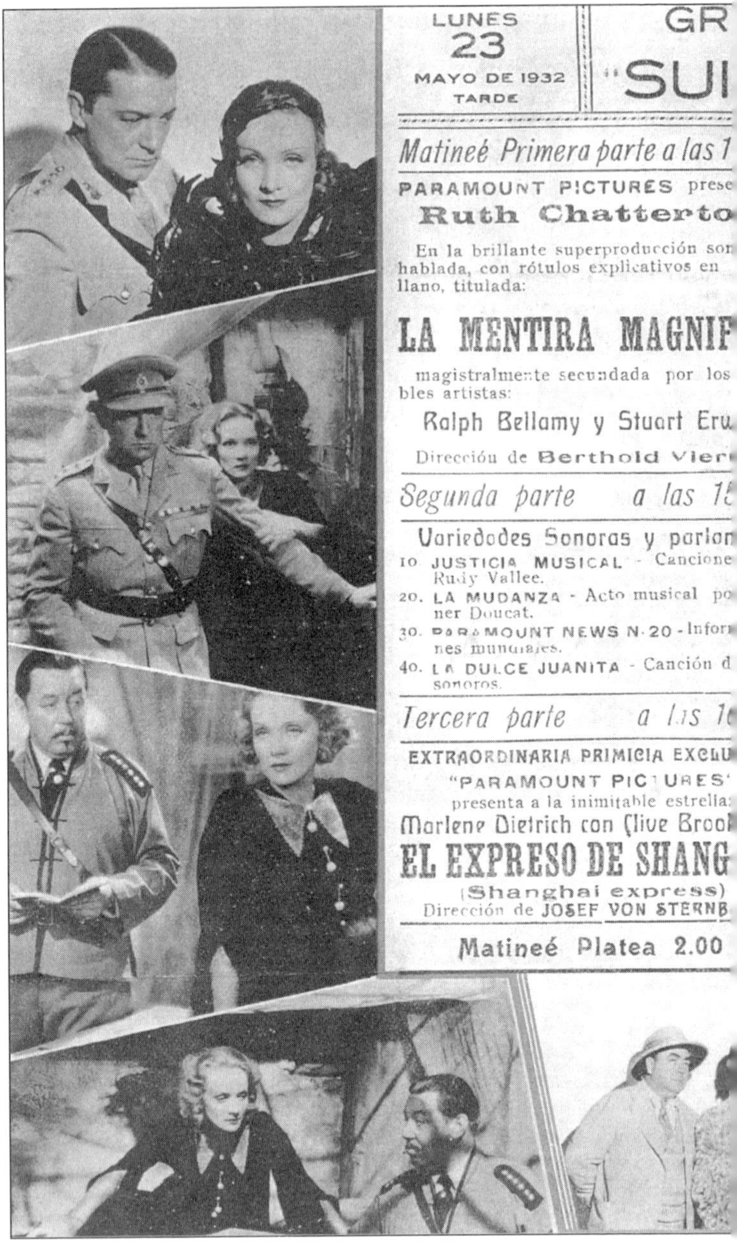

LUNES
23
MAYO DE 1932
TARDE

GR
"SU

Matineé Primera parte a las 1

PARAMOUNT PICTURES prese
Ruth Chatterto

En la brillante superproducción so
hablada, con rótulos explicativos en
llano, titulada:

LA MENTIRA MAGNIF

magistralmente secundada por los
bles artistas:

Ralph Bellamy y Stuart Erw

Dirección de Berthold Vier

Segunda parte a las 1

Variedades Sonoras y parlan

1o. JUSTICIA MUSICAL - Cancione
Rudy Vallee.
2o. LA MUDANZA - Acto musical po
ner Doucat.
3o. PARAMOUNT NEWS N. 20 - Infor
nes mundiales.
4o. LA DULCE JUANITA - Canción d
sonoros.

Tercera parte a las 1

EXTRAORDINARIA PRIMICIA EXCLU
"PARAMOUNT PICTURES"
presenta a la inimitable estrella:
Marlene Dietrich con Clive Broo
EL EXPRESO DE SHANG
(Shanghai express)
Dirección de JOSEF VON STERNB

Matineé Platea 2.00

INE
CHA"

DIRECCION
M. GARABATOS
SUIPACHA 442
U. T. 35 - 1195

an sección selecta a las 18.00

Primera parte

Variedades Sonoras y Parlantes

JUSTICIA MUSICAL - Canciones por Rudy Vallee.

PARAMOUNT NEWS N. 20 - Informaciones mundiales.

LA DULCE JUANITA - Cancion. Dibujos sonoros

tinuación de la sección Selecta a las 18.30

Segunda parte

"PARAMOUNT PICTURES"

presenta a la inimitable estrella

ARLENE DIETRICH

on CLIVE BROOK en:

L EXPRESO DE SHANGHAI

(33 Exhibición)

(Shanghai express)

iperproducción sonora y hablada, con los explicativos en castellano.

interpretes de la obra

rlene Dietrich, Clive Brook, Anna May ong, Warner Oland, Eugene Pallette, rence Grant y Gustav Von Seyffertitz

Dirección de Josef Von Sternberg

kín - Shanghai... Un viaje extraordina- n plena China: Intriga, aventura, Odio, r. Todo por una mujer.

TA: Platea $ 2.50 Platea Balcón $ 2.00

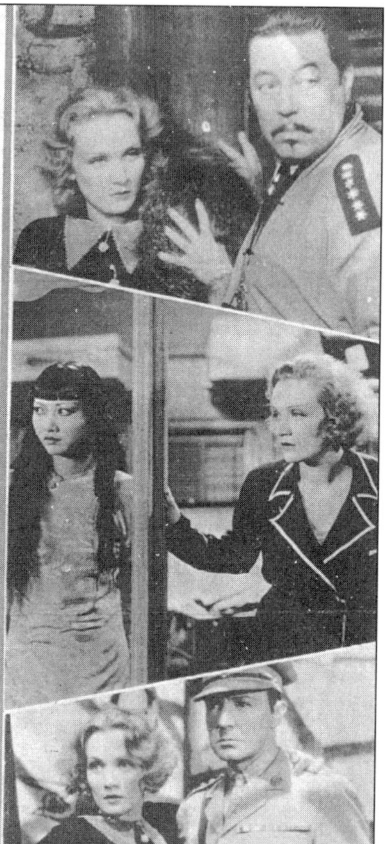

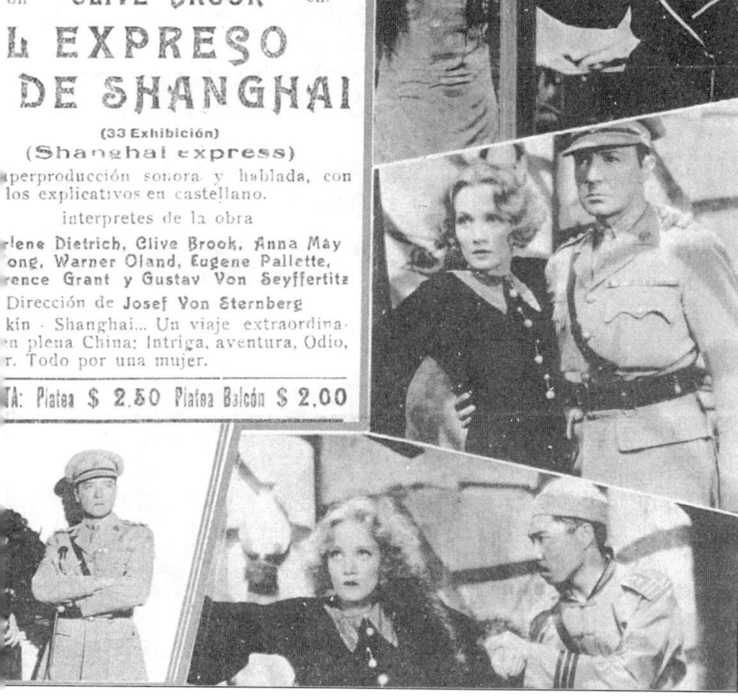

Pasaron minutos interminables en la oscuridad, sin una palabra, sin un movimiento. De lejos llegaba, intermitente, el rasguño veloz que el desconocido había atribuido a ratas. Balcarce escuchaba la respiración cada vez más regular y profunda de ese hombre que les había tenido confianza inmediatamente y del que, más que desconfiar, él había empezado a temer algo oscuro, sin nombre. Intuía que no debía hablar ni moverse y sin embargo soportaba cada vez menos ese silencio inmóvil. Buscó a su izquierda la silueta de Simpson, pero la oscuridad era perfecta; tampoco podía oír su respiración. De pronto lo asaltó una sospecha, como si necesitase aferrarse a una explicación, aun irracional: ¿Y si el periodista fuera cómplice de ese desconocido, si lo hubiesen atraído a una celada para hacerlo culpable de algo que no podía entrever, acaso para liquidarlo por algo de lo que se hubiese enterado, aun cuando no pudiera entenderlo?

Oía respirar cada vez más sonoramente al hombre inmóvil sentado frente a él. ¿Sería posible que se hubiese quedado dormido? Pensó en gritar, en golpearlo o sacudirlo, cualquier cosa que quebrase esa espera vacía. De pronto advirtió que esa respiración se estaba transformando en un gemido, algo que no sabía si atribuir a la angustia o al placer. Ese gemido se hizo más fuerte y entonces creyó reconocer la proximidad de un orgasmo. Balcarce no pudo contenerse y extendió una mano en la oscuridad; chocó con el hombro del desconocido, que se sacudió en una serie de espasmos y gritó algo incomprensible; súbitamente brilló en su mano la luz de la linterna.

—¡Imbécil! —sollozó—. Era el casino de Shanghai...

Pero el llanto le impidió continuar.

Balcarce no tuvo más remedio que arrestarlo. Simpson había depuesto su arrogancia juvenil, parecía francamente atemorizado y los siguió sin una pregunta.

La luz indiferente de la seccional mostró al desconocido muy distinto de lo que habían prometido el alumbrado nocturno en una calle de barrio o el círculo movedizo de una linterna de bolsillo: sobre el cráneo las canas surcadas de amarillo habían sido prolijamente peinadas y manchas propias de la edad le invadían las sienes y la frente; la cabeza caída sobre el pecho y la mirada fija en el piso anunciaban un mutismo que Balcarce preveía difícil de quebrar. El comisario decidió no humillarlo haciéndole pasar la noche en una celda; le señaló en su despacho un sillón amplio, vencido, pero que estimó propicio para el sueño. Horas más tarde le hizo servir un café con leche y una medialuna crujiente.

Cuando finalmente respondió a una nueva invitación del comisario, hacia las ocho de la mañana, el hombre habló con inesperada claridad. Simpson pareció despertarse y amagó con poner en funcionamiento el grabador del que nunca se separaba; Balcarce lo disuadió con un gesto. El comisario tomó bolígrafo y papel pero prefirió no anotar nada durante la hora siguiente.

—Somos muchos —explicó—, y en muchas ciudades del mundo, pero sólo recientemente hemos llegado a afinar nuestra disciplina, a obtener resultados. Lo que teníamos desde el principio era la certeza de llegar. Cuándo, no lo sabíamos. Empezamos con la respiración, una prolongación del yoga; seguimos con la concentración de la mirada en la oscuridad. Es difícil, pero si logramos vaciarnos de pensamientos y sensaciones poco a poco vamos entrando...

Sus palabras fueron confirmando gradualmente la hipótesis de Simpson. La intuición inicial era que en la pantalla, o donde había estado la pantalla en los cines hoy abandonados, rebajados a otro comercio, persisten, a la vez como hologramas impalpables y como napas geológicas concretas, todas las imágenes que alguna vez se posaron allí. Y había que hallar el método, la disciplina para penetrar en ese archivo invisible y rastrear aquellas ficciones desvanecidas, para recuperar, si no el film, por lo menos el momento preferido, el gesto o la mirada que la memoria había guardado.

—Anoche usted dijo algo sobre un casino, en Shanghai...

El hombre se animó. Con una sonrisa condescendiente les explicó que nunca podrían entender de qué se trataba si no sabían quiénes habían sido Gene Tierney y Joseph von Sternberg.

A Simpson, la confirmación de lo que alguna vez Balcarce había llamado su novela no lo había dejado ufano, por el contrario: parecía haberlo condenado a la pasividad; el comisario, en cambio, había asumido con energía su papel de investigador, lo gozaba como un chico con un juguete nuevo. Quedaba un misterio por dilucidar, el de las muertes. Sobre este tema el hombre no pudo aclarar mucho. Aventuró que un momento de felicidad intensa, de éxtasis, a cierta edad podía ser terminal. En cambio, recibió con asombro no fingido la información sobre los ojos quemados.

Se lo veía muy cansado. Cuando el comisario le propuso acompañarlo hasta su casa, asintió, sumiso, como la noche anterior había obedecido la orden de seguirlo hasta la seccional. El sol ya estaba alto en esa gélida mañana de agosto. Simpson anunció su intención de ir a dormir, pero Balcarce le impuso una visita al laboratorio donde se habían realizado las autopsias.

—Pensaba llamarlo más tarde, hay algo de lo que necesito hablar con usted —en la voz del forense, Balcarce oyó tanta perplejidad como alivio—. En un primer momento le hablé de retinas quemadas, de quemaduras de cuarto grado: era la impresión que tuve ante ese negro carbonizado, irregular que las cubría. Pero lo incongruente de los párpados intactos me persiguió durante semanas. Volví a examinar los cadáveres, ahora con un oftalmólogo que tomó fotografías y radiografías de los ojos. El resultado es algo... inexplicable. No puedo describirlo, prefiero que lo vea.

Desplegó una pantalla, bajó las persianas y puso en funcionamiento un proyector de diapositivas. En silencio, con el respeto reservado para una ceremonia fúnebre, vieron desfilar imágenes inmóviles, en un blanco y negro fuertemente contrastado, que evidentemente correspondían a escenas de viejos films: una mujer bellísima, de piel muy blanca y pelo negro, corto, con flequillo, riendo en primer plano; una muchacha muy joven, desnuda, alejándose hacia un lago; otra mujer, de expresión inescrutable, parecía mirar el horizonte desde la proa de un barco; por fin, la más misteriosa, una cara de mujer parcialmente reflejada en una superficie brillante, que no era un espejo, se pintaba la boca.

—Esto es algo para Kalle Donoso —murmuró Simpson.

Este coleccionista de documentos históricos sobre el cinematógrafo, les explicó, era conocido por su extraordinaria memoria visual así como por no retacear sus conocimientos; a menudo había auxiliado a más de un periodista. En efecto: Donoso respondió al llamado con entusiasmo y celeridad; media hora más tarde llegaba al laboratorio e identificó inmediatamente, sin vacilar, esas imágenes.

—La primera es Louise Brooks en *Lulú*; la segunda, Harriet Andersson en *Un verano con Mónica*; la tercera, me extraña que no la hayan reconocido, es la Garbo en la toma final de *Reina Cristina*; y la última, bueno, no es fácil, lo reconozco, pero cualquiera que haya visto *Fatalidad* recuerda que, antes de que la fusilen, Marlene Dietrich le pide al jefe del pelotón que desenvaine para retocarse el maquillaje usando el sable como espejo... Lo que pasa es que en el film no se ve el reflejo de su cara en la hoja del sable. Esta imagen fue soñada por el espectador, que deseó verla.

Los diarios no se ocuparon de estas revelaciones, para sorpresa de Balcarce, que esperaba de parte de Simpson una comprensible ocasión de lucimiento. Varios días después dc archivado el caso decidió llamar al periodista e invitarlo a un trago.

—Nada ha terminado —argumentó Simpson—. Tarde o temprano aparecerá otro muerto en un local que alguna vez fue cine...

—La publicación de nuestras conclusiones, aunque puedan parecer fantasiosas, sería una manera de disuadir a otros miembros de esta secta.

—¿...y de impedirles terminar una vida triste, apagada, con un relámpago de placer? Vamos, Balcarce, no los prive de un final feliz...

—Usted es joven, no hace mucho que se ha iniciado en el periodismo. Se me ocurre que una serie de artículos sobre el tema podría serle útil.

Simpson sonrió. Su respuesta tardó un momento en llegar.

—Más de una vez usted habló con ironía de mi novela. Mis hipótesis no lo convencían. ¿Sabe que poco a poco lo fui tomando en serio? Ya empecé a escribirla. No me pida que arruine mi primera obra literaria quemando el tema en un artículo de diario...

Agradecimientos

Jorge Andrés
Carlos Donoso
Luciano Monteagudo
Raúl Núñez
Daniel Rosenfeld
Matías Serra Bradford
Diego Trerotola

Índice

Esta edición de 4.000 ejemplares
se terminó de imprimir en
Kalifón S.A.,
Humboldt 66, Ramos Mejía, Bs. As.,
en el mes de agosto de 2006

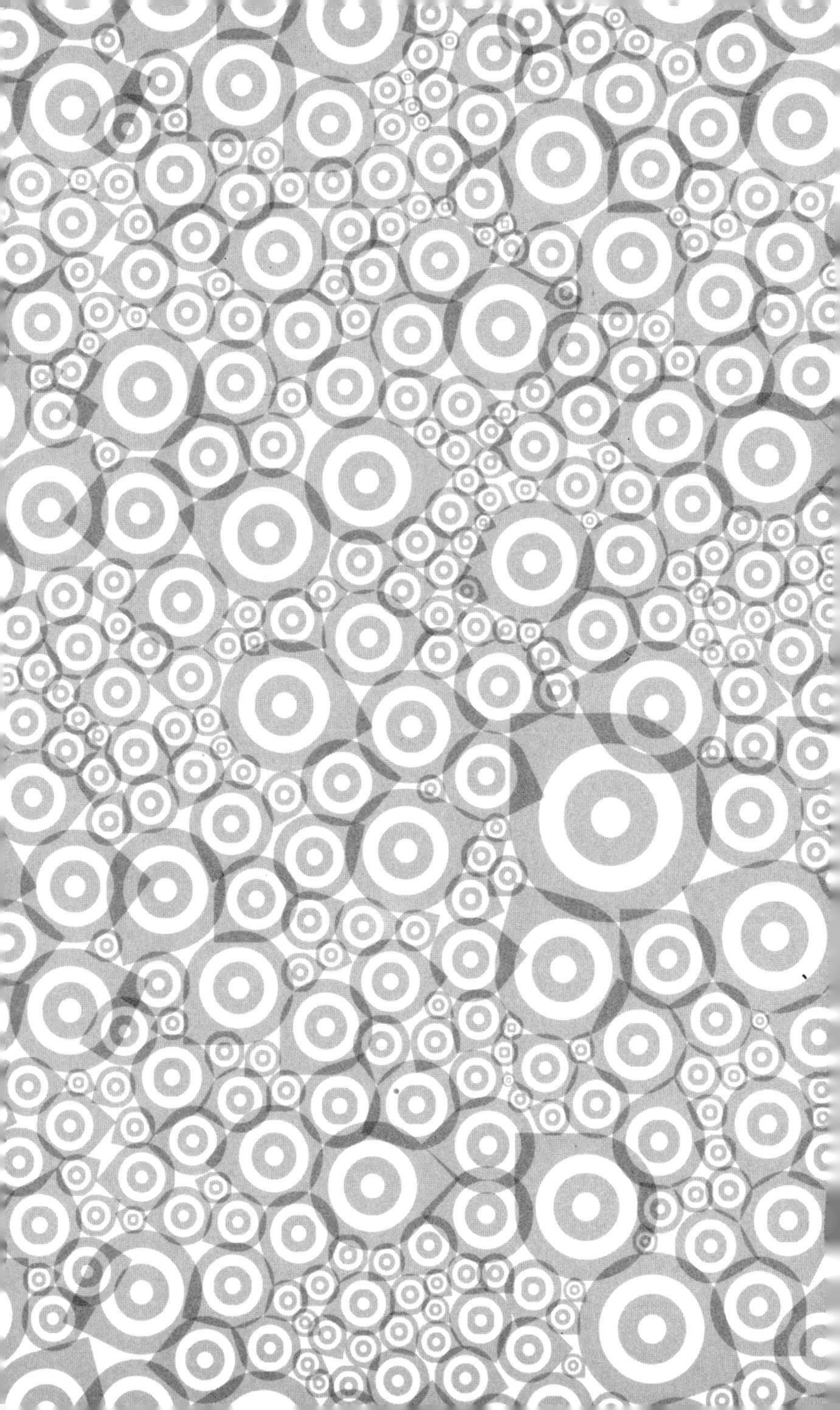